KB040892

다른 게 아니라 틀린 겁니다

괄호 안의 불의와 싸우는 법
다른 게 아니라 틀린 겁니다

초판 1쇄 2019년 5월 20일 발행
초판 8쇄 2022년 2월 25일 발행

지은이 위근우
펴낸이 김성실
책임편집 김태현
디자인 형태와내용사이
제작 한영문화사

펴낸곳 시대의창 **등록** 제10－1756호(1999. 5. 11)
주소 03985 서울시 마포구 연희로 19－1
전화 02)335－6121 **팩스** 02)325－5607
전자우편 sidaebooks@daum.net
페이스북 www.facebook.com/sidaebooks
트위터 @sidaebooks

ISBN 978－89－5940－697－5 (03300)

이 도서의 국립중앙도서관 출판예정도서목록(CIP)은 서지정보유통지원시스템 홈페이지(http://seoji.nl.go.kr)와 국가자료공동목록시스템(http://www.nl.go.kr/kolisnet)에서 이용하실 수 있습니다.(CIP제어번호: CIP2019015076)

시대의창

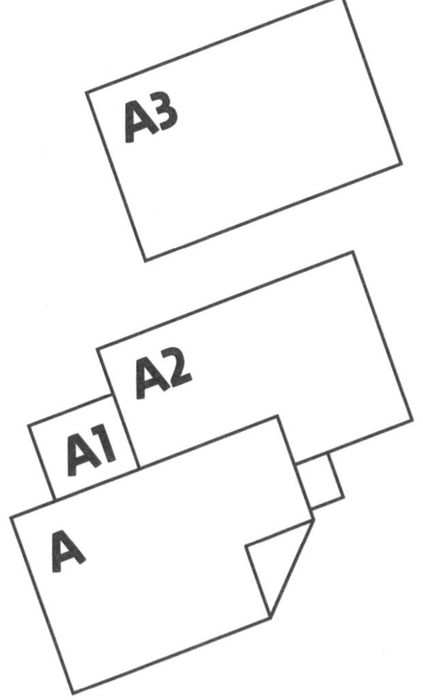
A3
A2
A1
A

프롤로그

'틀림'을 비판하지 않고 '옳음'에 대해 이야기할 수 있을까.

이 책에 실린 글들은 지난 2년 동안 전 직장 《아이즈》와 현재 격주 연재 중인 《경향신문》, 그리고 개인 SNS를 통해 썼던 글이다. 글을 쓴 시기, 주제와 소재의 범주, 때로는 글의 장르까지도 다르지만, 전체적으로는 하나의 직관적 가정을 토대로 하고 있다. 어떤 대상 A에 대해 해석하고 의미를 부여한(긍정적이든 부정적이든) 주장 A1은, 그 자체로 대상 A에 대한 다른 해석과 의견인 A2, A3 등과 경쟁적 관계를 맺는다는 것이다. 즉 무언가에 대해 이야기한다는 것은, 이미 그 무언가에 대한 논의 안에 발을 담근다는 뜻이다. 그것이 내적 독백이나 일기장 위가 아닌 공론장의 일부인 지면 위에 올라오는 것이라면 더더욱 그렇다. 진지하게 A1을 주장하는 사람이라면, 그것이 A2와 A3보다 더 근거 있고 타당하다는 논거를 직접적이거나 암묵적으로 제시해야 한다. 이것은 어떤 의미로든 평화로울 수 없는 과정이다. 특별히 더 호전적이고 논쟁적인 글이 있을 수도 있지만, 논의 안에 들어선다는 것은 근본적으로 하나의 전선을 긋는 것일 수밖에 없다. 전선과 경계는 다르다. 경계가 서로의 '다름'을 인정하고 평화롭게 맞닿은 접점이라면, 전선은 다름을 인정하는 것에 안주하지 않고 접점에서 서로 부딪히는 격렬함을 동반한다. 이 책 《다른 게 아니라 틀린 겁니다》에 실린 글은 이러한 부딪힘과 충돌을 회피하지 않으려 최대한 노력한 글이다.

전작 《프로불편러 일기》에서도 프로불편러라는 존재를 공적 논의의 참가자로 규정하고 그 역할을 긍정한 바 있다. 이번 책에 수록된 원고 역시 대중문화 텍스트나 현상에 스민 사회적 통념의 불의를 최대한 민감하게 인식하고 비판적으로 논의하려 한다는 점에서 거의 동일한 입장을 고수한다. 차이가 있다면, 과거엔 이러한 불편함이 있을 수 있다는 식으로 말을 건넸다면, 지난 2년여의 글에선 상호 투쟁을 공적 논의의 근본 요소로 가정하고 더 공격적으로 밀어붙였다는 것이다. 이 책 곳곳에 박혀 있을 신경질적인 태도나 과격한 표현을 정당화하려는 게 아니다. 그것은 미처 글을 정제하지 못한 나의 잘못이다. 내가 말하고 싶은 것은, 우리가 무언가에 대한 공통의 합의에 이르기 위해선 더 가차 없이 나의 '옳음'의 근거를 확보하고 상대의 '틀림'을 논박하는 논의 과정을 받아들여야 한다는 것이다. 소통적 태도란 나도 옳고 너도 옳다는 식의 태도가 아니다. 서로의 의견 차를 '다름'이라는 말로 쉽게 인정한다면 우리는 서로 옳고 그름을 합의할 최소한의 근거를 아예 잃어버린다. 이것은 절대적이거나 초월적인 관점이다. 관대한 것처럼 보이지만 실은 교조적이다. 우리는 함정에 빠지지 않기 위해 오히려 격렬한 논의 안에 뛰어들어 수많은 목소리와 경쟁해야 한다. 그 불편한 과정을 회피한 채 서둘러 절충안을 찾고 합의하려는 것, 그것이 강요된 화해다. 그리고 이러한 강요된 화해는 매우 높은 확률로 사회적 통념의 편에 선다.

특히 '이명박근혜' 정권으로부터 벗어난 지난 2년은 분명 전보단 나아졌지만 또 어떤 면에선 외면하기 어려울 정도로 사회적 모순이 드러난 시기이기도 했다. 민주주의를 말하는 이들이 특정 후보를 찍지 않는 소수 정당 지지자의 소신을 무임승차로 비난하는 것을 봐야 했고, 언론 개혁을 말하던 이들이 온갖 음모론을 뿌리는 것을 봐야 했고, 평등과 휴머니즘을 말하는 이들이 페미니즘은 정신병이라고 비아냥대는 것을 봐야 했다. 이것을 진보 세력의 결집이라는 대의로 정당화하는 것 역시 강요된 화해일 것이다. 그 앞에서 공적 논의로서의 글쓰기는 좀 더 단호할 필요가 있다. 쉽게 합의하고 봉합하지 말자고, 무엇이 옳고 그른지 타협 없이 따져볼 필요가 있다고. 여기 수록된 글들은 장르적으로 대중문화 비평에 가까운데, 공적 논의로서의 비평은 단순히 텍스트나 현상에 대한 하나의 견해를 짜임새 있게 전달하는 것에 그치지 않고 그 대상을 둘러싼 여러 통념이나 잘못(됐다고 가정)된 해석에 대해서까지 비판적으로 검토하고 전선을 그어야 한다. 전선을 긋는 것, 싸움을 피하지 않는다는 것은 상대가 틀렸다고 말하는 데 주저하지 않는다는 것이기도 하다. 그렇게 만들어진 전선에서의 싸움을 통해 비로소 대상에 대한 논의는 질적으로 풍성해질 수 있다. 그것이 비평의 성실성이다. 그 과정을 표현하기에 《다른 게 아니라 틀린 겁니다》보다 좋은 제목을 찾기 어려웠다.

책의 각 챕터는 글에서 다룬 소재의 공통점보다는, 대상을 둘러싼 '틀린' 입장이나 관점을 기준으로 묶여 있다. 첫 챕터인 '그 이퀄리즘은 틀렸다'에선 이퀄리즘이라는 새로운 탈을 쓰고 페미니즘을 공격하는 백래시의 양상이 왜 틀렸는지에 대해 이야기한다. 과거 《프로불편러 일기》에서도 여성혐오 문제에 대해 비판적으로 다룬 바 있지만, 이번 책에선 그런 여성혐오를 정당화하기 위해 동원되는 논변들을 무너뜨리는 데 집중했다. 두 번째 챕터 '가짜 논의와 공론장의 적들'에선 의견과 해석의 다양성이란 말로 정당화되는 어떤 헛소리들을 어떻게 공론장 안에서 치울 수 있을지 논의하려 했다. 세 번째 챕터인 '웃자고 하는 얘기에 죽자고 달려들기'는 표현의 자유라는 말로 정당화되는 대중문화 텍스트의 불의에 대해 그것이 왜 문제이고 고쳐져야 하는지 비판적으로 다뤘다. 다시 말하지만, 개선에 대해 이야기하면서 무언가의 '틀림'에 대해 이야기하지 않을 수는 없다. 그 과정에서 가장 좋은 대화 상대이자 논의 상대인 배우자의 비판적 조언과 내 글의 뉘앙스 하나하나 허투루 놓치지 않은 편집자 김태현 님의 질문과 수정이 아니었다면 이 글들은 훨씬 독선적인 형태로 세상에 나왔을 것이다.

좋은 글은 세상을 더 좋게 만들 수 있을까. 모르겠다. 좋은 글을 써보지 못해서 그럴지도 모르겠다. 그럼에도 불구하고 하나의 믿음이 있다면, 글쓰기의 실천적 힘은 독립적으로 발휘되는 것이 아니라 공적 논의의 맥락 위에서만 발휘될 수 있다는 것이다. 논의가 질적으로 풍부해지고 치열해질수록, 세계에 대한 유의미한 쟁점들이 가시화되며 합의를 위한 공통의 토대가 조금씩 만들어진다. 세계에 대한 진지한 고민들이 공론장 안에서 충분히 성숙해가는 과정을 통해 비로소 획기적인 발상 역시 등장할 수 있다. 그 배경에는 천재적이진 않지만 성실한 글쓰기와 논의를 멈추지 않는 이들이 있다. 나는 그곳의 일원이고 싶다.

차례

2. 가짜 논의와 공론장의 적들

3. 웃자고 하는 얘기에 죽자고 달려들기

일러두기

이 책은 지은이가 2017~2019년에 여러 매체와 개인 SNS에 쓴 글 중에서 골라 엮은 것입니다. 각 글에 표시된 숫자는 글이 발표된 날짜이며, +부분은 지은이가 책을 출간하는 시점에서 덧붙인 후기입니다.

1. 그 이퀄리즘은 틀렸다

1.
그 이펄리즘은 틀렸다

페미니스트 선언은 실천이다

페미니스트의 P 이야기로 시작해보자.

2017년 2월 16일, 가장 유력한 대선 주자였던 문재인 당시 더불어민주당 전 대표가 "페미니스트 대통령이 되겠다"는 선언과 함께 성평등 공약을 발표했다. 충분한 수준이냐는 것과는 별개로, 스스로 "나 역시 어머니가 한 사람이고 여성이라는 사실을 오랫동안 깨닫지 못했다"고 말한 것에서 알 수 있듯 분명 그동안 문재인이 여성 문제에서 보인 어떤 말과 행동보다 그것이 진일보한 공약인 건 사실이다. 평소 문재인을 지지하며 스스로를 정치적 진보로 자처하지만 페미니즘에 대해선 공격적인 입장이었던 남성 중심 커뮤니티에선 혼란스러운 반응을 보였다. 그중 가장 많이 회자된 건 모 커뮤니티의 "메갈(리아) 워마드 때문에 페미니즘, 페미니스트의 P만 들어도 거부감 생겨서요"라는 글이었다. 유쾌한 페미니스트들은 'Peminism Fower'를 외치며 작은 승리를 즐겼다. 하지만 단지 조롱하고 끝내기에 이 작은 실수는 좀 더 많은 것을 담고 있다.

여전히 페미니즘이 무엇인지 잘 모르는 이들이 있다. 철자도 모를 만큼. 하지만 잘 안다고 생각한다. 틀린 철자를 아무 위화감 없이 내뱉을 만큼. 그럼에도 그 차이는 그들이 P와 F를 입 밖에 내지 않는 이상 쉽사리 드러나지 않는다. P와 F의 차이는 한국에서 페미니즘이란 단어의 'ㅍ' 안에 숨어든다. 둘의 차이는 은폐되고, 페미니즘에 대한 무지 역시 은폐된다. 모르지만 안다고 말하기 위해선, 모르지만 부정하기 위해선, 부정하면서도 자신의 정치적 올바름을 내세우기 위해선, F를 P가 대체하듯 비슷해 보이지만 전혀 다른 의미로, 텅 빈 부정의 언어로 페미니즘을 왜곡해야 한다.

해당 게시물에 댓글로 이퀄리즘이 소환된 건 너무나 당연한 귀결이다. 페미니즘에 반대하면서도 스스로가 성차별주의자가 아니라고 말하기 위해선 페미니즘을 성차별주의로 몰아야 하고, 그러기 위해선 페미니즘 아닌 다른 언어가 필요하다. 그것이 이퀄리즘이다. 그리고 이퀄리즘이라는 개념과 그것의 역사가 안티 페미니스트들이 나무위키를 중심으로 날조한 문서에 불과하다는 사실처럼, 페미니즘을 부정하기 위해 동원되는 모든 것들은 다 엉터리다. 페미니스트의 P처럼.

우리는 페미니스트여야 하는가? 이 질문은 오히려 많은 것을 원점으로 되돌린다. 페미니스트여야 하는가 아닌가, 페미니스트가 아니어도 되는가 아닌가, 이것은 페미니즘을 개인이 어떤 옷을 입을지 결정하는 문제처럼 다룬다. 이건 가짜 논의다. 인간은 평등하다는 것에, 성별·피부색·성적 지향 등 생득적인 이유로 차별받지 않아야 한다는 것에 동의한다면 우리는 페미니스트여야 한다. 여성이라 돈을 덜 받고 더 많은 위험에 노출되고 자신의 주체적인 삶을 포기해야 할 확률이 더 높아지는 것에 반대한다면 우리는 페미니스트여야 한다. 하면 좋고 안 해도 되는 문제가 아니다. 이것은 확장된 규칙이 아니라, 인간은 존재하는 그대로 존엄하며 차별받지 않아야 한다는 가장 근원적인 한 줌의 도덕이다. 페미니즘마다의 각론과 실천의 방식이 다를 수는 있겠지만, 우리가 페미니스트여야 한다는 것은 문명인으로서의 전제 조건이다. 민주주의자라면, 진보주의자라면, 상식이 통하는 세상을 바란다면, 사람이 먼저인 세상을 바란다면, 깨어 있는 시민이라면, 페미니스트여야 한다. 페미니즘 없는 민주주의는 말하자면 동그란 세모 같은 것이다.

하지만 다시, 페미니즘에 숨은 P는 교묘하게 동그란 세모를 가능하게 만든다. 페미니즘을 더는 부정할 수 없게 되었을 때, 문명인으로서 페미니스트임을 선언해야 할 때, P는 마치 그것이 원래 페미니즘인 것처럼 침투한다. 기득권으로서의 남성은 페미니즘을 비난할 땐 세상 모든 공격적이고 과격한 이미지를 다 덧씌우지만, 페미니즘을 받아들일 땐 이것이 실천적으로 투쟁의 문제라는 것을 지우려 한다. 일, 치안, 육아, 가사 등 시스템과 생활 세계 모두가 이성애자 남성을 중심으로 설계되고 그것이 인류 보편의 것처럼 이해되는 사회에서 이성애자 남성 아닌 이들의 권리를 찾는 일은 근본적으로 투쟁적일 수밖에 없다. 페미니즘의 투쟁적인 측면이 불거질 때마다 나오는, 남녀 싸우지 말고 친하게 잘 지내요, 따위의 속편한 소리는 정확하게 현재 필요한 F(Fight)를 강요된 P(Peace)로 대체한다. 페미니스트를 선언하지만, 실천적인 페미니즘의 도래를 끝없이 미룬다.

하여 페미니스트 선언은 정적일 수 없다. 나 역시 싸우겠다는 선언이자 수많은 회의와 반성의 지난한 길을 걷겠다는 다짐이어야 한다. 그 이유로 문재인의 페미니스트 선언 당일에 벌어진 일은 페미니즘의 관점에서 비판받을 수밖에 없다. 차별금지법 제정에 대해 미온적인 태도를 보였던 그에게 한 여성 성소수자는 "왜 이 성평등 정책 안에 동성애자에 대한 성평등을 포함하지 못하시는 겁니까"라고 기습적으로 질문했다. 문재인은 나중에 말할 기회를 주겠다고 답변을 미뤘고, 그의 지지자들은 "나중에"를 연호했다. 성소수자 인권을 나중으로 미루겠다는 것이 아니라 발언을 나중에 하라는 뜻이었다 해도, 항상 그들의 존재 자체를 부정당하고 언제나 발언권이 미뤄졌던 이들에게 나중에 말하라는 건 실천적으로 그들의 인권 문제를 뒤로 미룬 것과 다를 바 없다. 이후 진행된 문답 시간에도 문재인은 "사회적 합의가 필요하다"며 동성 결혼 법제화와 차별금지법 제정을 미루는 모습을 보였다. 정치적이고 조심스러운 접근이 잘못이라고 할 수는 없겠지만, 앞으로의 싸움에 함께 하겠노라고 확신시키기에는 부족한 제스처였다. 진보의 연속성 안에서 사회적 합의로 차츰차츰 진행하겠다는 선의는 진심일 것이다. 하지만 연속성보다 중요한 건 단절이다. 불의의 연속을 끊어내는 것, 과거에 당연시했던 차별과 야만을 이제는 '금지'하겠다는 것. 페미니스트 선언이란 그런 것 아닐까. 지금 이 순간 새롭게 시작하겠다는 것. 20170228

+ 문재인 정권 초기 주요 의제는 적폐 청산이었다. 그리고 실제로 보수 우파 적폐에 한정해 이 싸움은 어느 정도 성과를 거뒀다. 하지만 보수 우파보다 훨씬 더 오래되고 더 광범위한 적폐인 여성혐오와 차별과의 싸움에서도 그만큼 속도를 냈는지는 의문이다.

문재인 대통령의 페미니스트 선언에는 그 진정성과 별개로 적폐이자 청산 대상, 싸워야 할 대상으로서의 여성혐오 문화와 남성 권력 카르텔이 잘 드러나지 않는다. 보수 기독교 세력의 반대와 함께 차별금지법 제정은 여전히 갈 길이 멀다. 정부와 여당의 의지는 읽기 어렵다. 여성혐오로 범벅이 된 출판물로 비판받은 탁현민 행정관은 긴 시간 동안 청와대와 그 주변에 그대로 있다.

물론 완벽하지 않다고 해서 작은 전진을 폄하해선 안 된다. 올해

4월의 낙태죄 헌법불합치 판결처럼 중요한 승리의 기록도 누적되고 있다. 다만 위 글에서 이야기했듯, 중요한 건 불의에 대한 단절 의지다. 불의와의 싸움 없이 옳음을 이야기할 수는 없다. 하여 페미니스트 선언은 어쩔 수 없이 투쟁 선언이어야 한다. 안전한 옳은 말로 쟁취할 수 없는 영역에서의 투쟁.

백래시Backlash로서의 여성혐오와 괄호 안의 불의

○○ 때문에 없던 여혐도 생긴다.

메갈리아의 등장과 '설치고 말하고 생각하는' 페미니스트들의 본격적인 활동 이후 굉장히 자주 들리는 소리다. 남녀 차별에는 반대하지만 현재의 페미니즘 방향에는 동의할 수 없다거나 메갈리아와 진정한 페미니즘은 다르다거나 지금 세계는 페미니즘처럼 편향된 운동이 아닌 이퀄리즘으로 가고 있다거나 하는, 페미니즘 후려치기가 판본만 바뀐 채 지난 2년간 반복되고 있다. 이와 같은 페미니즘에 대한 반발은 교묘하게 발화자 본인들의 여성혐오에 대한 책임을 여성운동에 돌린다.

'나는 원래는 여성혐오에 반대하는 입장이지만 너희의 과격함 때문에 엘리트주의 때문에 과도한 PC(Political Correctness, 정치적 올바름)함 때문에 지치고 화나고 그래서 필연적으로 너희가 싫어졌다. 내가 여성을 혐오하는 건 너희 페미니스트 때문이다.' 이러한 정당화 위에서 여성혐오 유튜버 김윤태, 신태일 류의 양아치들은(나는 이런 부류를 '일베'를 비롯해 어떤 정치적 성향으로 묶고 분석하는 것에 반대한다) 갓건배나 메갈리아 등을 타깃 삼아 끔찍한 여성혐오 발화를 엔터테인먼트로 활용한다.

페미니즘에 대한 대의에 동의하고, 이들의 말이 모두 잘못됐다고 생각하는 사람도 이러한 현상에 대해서는 생각이 많아질 수밖에 없다. 이토록 여성혐오 발언이 노골적으로 나오던 때가 있었나. 혹시 (그들 표현대로) 잠재적 우군을 내친 것은 아닐까. 그냥 두면 큰 문제없이 살았을 선량한 남자가 '한남충'과 '자들자들'이란 표현 때문에 여혐러가 된 건 아닐까. 원론적으론 페미니스트들이 옳지만 실천적인 차원에선 '여혐러'를 더 생산하고 세상의 불의를 더 키운 것은 아닐까. 이것은 한 남성 페미니스트 페이스북 유저가 나에게 직접 메시지로 밝힌 고민이자 두려움이기도 하다. 소위 과격한 페니미스트에게 백래시에 대한 도덕적 책임이 있는 건 아니지만, 적어도 그러한 과격함이 백래시 진영을 자극한 원인이 되진 않았을까? 어느 정도 그럴 지도 모른다.

반만 년 역사의 여성혐오와 달리, 현재 페미니즘 운동을 향해 더 노골적으로 달려드는 여성혐오 발화에는 분명 어떤 반동적인 요소가 있다. 그렇다면, 여성혐오를 정당화할 수 없다는 것과는 별개로 정말로 페미니즘 때문에 과거엔 존재하지 않던 반동적 여성혐오가 생기진 않았나 가정해볼 수 있다. 즉, 미러링을 비롯해 남성들과 싸우기 위한 강력한 무기를 개발하려 한 여성 페미니스트들의 싸움이 더 위험한 군비 경쟁을 불러온 것은 아닐까.

하지만 나는 여기에 어떤 착시가 있다고 생각한다. 그것은 정말로 '없던' 여혐일까. 앞서 말한 '○○ 때문에 없던 여혐도 생긴다'라는 말은 사실 재밌는 텍스트다. ○○를 채워보자.

1. 나는 '한남충이란 말' 때문에 없던 여혐이 생겼다.

이 문장의 발화자가 정말로 여성혐오에 반대하는 '여혐이 없는 사람'이라고 가정한다면 이 말은 다음과 같이 번역될 수 있다.

1-1. 나는 (여성들이 한남충이라는 말을 하지 않는 선에서) 여성혐오에 반대한다.

이것은 사회적 맥락 안에서 이렇게 확장될 수 있을 것이다.

1-2. 나는 (여성들이 김치녀, 된장녀라는 말에 노출되며 살아도 한남충이라는 말은 쓰지 않아야) 여성혐오에 반대한다.

요약해보자.

1-3. 나는 (여성들이 본인들이 당하는 부당한 공격에도 온화함을 유지하거나 참을 때만) 여성혐오에 반대한다.

잘 보면 괄호 안의 가정과 문장의 술어 사이에 수행적 모순이 발생하게 된다. 여성에게 가해지는 부당한 공격 앞에서 수동적 여성상을 강요 재생산하면서 여성혐오에 반대한다고 하기 때문이다. 발화자의 정의감에 대한 선의적인 해석을 더해줘도 마찬가지다.

1-4. 나는 (여성들이 본인들이 부당한 공격에도 온화함을 유지하고 나처럼 정의로운 남성의 도움을 받아 문제를 해결할 때만) 여성혐오에 반대한다.

솔직히 더 문제다. 여성의 주체성을 부정하는 수준에 이르기 때문이다.

○○를 바꿔보자.

1. 나를 '가르치려는 태도' 때문에 없던 여혐도 생겼다.

이것은

1-1. 나는 (여성들이 나를 가르치지 않을 때만) 여성혐오에 반대한다.

1-2. 나는 (여성들이 무엇이 여성혐오인지에 대해 나를 가르치지 않을 때만) 여성혐오에 반대한다.

1-3. 나는 (여성들이 자신들이 겪는 혐오가 왜 여성혐오인지 나에게 가르치지 않을 때만) 여성혐오에 반대한다.

또 다시 수행적 모순이 발생한다. 여성혐오에 반대하기 위해서는 무엇이 여성혐오인지에 대해 배우고 그것에 반대하는 과정이 필요하기 때문이다.

나는 이것들을 괄호 안의 불의라 말하고 싶다. 만약 그동안 인터넷을 중심으로 화력을 쌓은 래디컬 페미니즘에 대한 어떤 반동으로서의 안티 페미니즘과 여성혐오가 있었다면, 그것은 없던 여혐이 생겨난 게 아니라 괄호 안의 불의가 드러난 것일 뿐이다. 그렇다면 우리가 질문할 것은 '이 괄호 안의 불의가 드러난 것이 실제로 이 세상 불의의 총량을 늘렸느냐는 점'이다.

물론 그렇게 보기 어렵다. 바로 그 괄호 안에 이미 불의가 은폐되어 있기 때문이다. 노골적인 여성혐오의 발화는 아닐지라도 그 불의는 이미 구조적 습속적 여성혐오를 강화 및 재생산한다. 오히려 이러한 괄호 안의 불의가 드러날 때 그동안 선량한 남성의 부류에 속하는 것으로 보였던 이들이 얼마나 구조적이고 습속적으로 여성혐오를 방관하고 키워왔는지 드러나며 비로소 우리는 빙산의 밑 부분을 이루는 거대한 불의를 목격할 수 있다.

보기엔 불편하지만 없던 것이 새로 생긴 것은 아니다. 싸움으로서의 페미니즘이 무엇을 타격해야 하느냐는 차원에서 괄호 안의 불의가 드러나는 것은 실천적 차원에서 진보다. 결코 퇴보가 아니다. 그렇게 생각하면, 이 지긋지긋한 반동의 시간도 언젠가 한국 페미니즘 운동이 필연적으로 거쳐야 했던 진보의 궤적으로 기록될 것이라 말할 수 있다. 20170901

+ 백래시가 페미니즘에 대한 반격이자 반동이라면, 페미니즘은

백래시의 원인일 수 있을까. 어떤 결과에 대해 원인이 된다는 것과 그에 대한 책임이 있다는 것을 구분한다면 어느 정도 그럴지도 모르겠다. 분명 백래시는 페미니즘과 페미니스트라는 대상에 대한 퇴행적 분노다. 그렇다면 그 도덕적 퇴행에 페미니즘이 책임은 없을지라도 일종의 원인 제공을 한 것은 아닐까. 운동의 실천적 맥락을 생각하는 이들이라면 충분히 고민할 법한 문제다.

위 글에서 내가 시도한 반론은 그러한 백래시가 온전한 무無의 상태에서 페미니즘 때문에 발생한 것이 아니라, 사실은 이미 존재하지만 보이지 않던 여성혐오의 정서 위에서 가시화됐다는 것이다. 이러한 가시화는 세상이 더 퇴행된 듯한 느낌을 준다. 하지만 비가시적으로 마치 공기처럼 존재하던 혐오와 차별의 정서가 가시화될 때 차라리 우리가 지적하고 싸워야 할 불의의 총체는 더욱 선명해질 것이다. 물론 이제 전투력을 더 끌어올려야겠지만.

〈며느라기〉, 명절 연휴엔 모두들 이 만화를 함께 읽어봅시다

이번 추석 연휴에 민사린에겐 어떤 속 터지는 일이 벌어질까. 아, 만화 이야기다.

웹툰 혹은 출판 플랫폼이 아닌 주인공 개인 계정처럼 꾸민 페이스북과 인스타그램으로 연재되며 수많은 기혼 및 비혼 여성들에게 공감을 얻고 남성 독자들에겐 배움을 주는 만화 〈며느라기〉엔 아직 신혼인 부부 민사린과 무구영이 등장한다. 대학 때 꽤 친한 동기였고, 졸업 후 우연히 만나 연애를 시작한 이 둘은 말도 잘 통하고 서로에게 이성적인 매력도 느끼는 꽤 괜찮은 커플이다. 물론 단 둘의 관계에서만.

제목에서 알 수 있듯, 〈며느라기〉는 결혼한 사린이 자연스럽게 시댁의 일원이자 외부인으로서의 며느리로 겪는 다양한 불합리한 순간들을 고발한다. 그는 가족의 새로운 일원으로서 시어머니 생일 아침상을 차리지만 시어머니, 시아버지, 구영 그리고 시누이의 대화에서는 소외된다. 가족 일원으로서 자신과 피가 섞이지 않은 조상의 제사에 쓸 전을 부치지만, 전을 부치는 그와 가족끼리 모여 술 한잔하는 구영과의 거리는 좁혀지지 않는다.

물론 〈며느라기〉에 나오는 며느리가 겪는 부당한 일의 목록이 새로운 것은 아니다. 당장 추석 언저리 즈음 SNS나 커뮤니티에선 명절 스트레스를 호소하는 기혼 여성들의 분노에 가득 찬 언어를 확인할 수 있다. 명절 당일뿐 아니라, 집안 남자들끼리만 모이는 벌초에까지 기어코 배우자를 끌고 가는 남자의 사연처럼 〈며느라기〉의 그것보다 더 화나고 어떤 면에선 엽기적인 사례들도 종종 확인할 수 있다. 이러한 현실의 갑갑한 사연이 쌓이고 쌓여 〈며느라기〉의 서사적, 당위적 기반이 되었겠지만, 그럼에도 이 작품은 몰상식한 시댁을 악마화하거나 소위 고구마 먹듯 답답한 사연을 줄줄이 전시하진 않는다.

사린의 시어머니는 밖에서 나가 먹는 것보다 집에서 먹는 게 편하고 좋지 않으냐는 시아버지에게 집에서 먹는 건 하늘에서 떨어지느냐고 핀잔을 줄 정도의 상식을 갖춘 사람이고, 제사 음식 때문에 일찍 찾아온 사린에게 그냥 저녁에 오지 그랬냐고 말해줄 정도의 자상함을 갖춘 인물이다. 〈며느라기〉가 보여주는 건 어떤 이상한 가족의 상상하기도 싫은 몰상식함이 아니다. 오히려 한국의 생활 세계 안에서 상식이자 인륜으로 통용되는 따뜻한 풍경 안의 구조적 폭력성을 〈며느라기〉는 성공적으로 까발리고 있다.

이제 독자들에겐 천하의 답답하고 몹쓸 놈이 되어버린 구영이 현실에서 따져보면 상위 10~20%에 속할 남자라는 사실은 상당히 재밌고도 중요한 지점이다. 대학 시절에도 묵묵히 자기 자리를 지키며 사린에게 믿음직한 인상을 남겼던 그는, 사린이 회사에서 이루는 성과들에 진심으로 기뻐해줄 줄 알고(후려치는 남자들이 얼마나 많은가), 제사 때 사린을 챙기지 못한 것에 대해서도 사과하며(그게 왜 잘못인지 모르는 남자들이 더 많다), 사린의 어머니를 챙길 줄 아는 싹싹하고 예의바른 사위이기도 하다(서로 각자의 부모님께 잘해주자는 말을 할 최소한의 근거는 된다). 그리고 역시나, 혹은 하필, 효자다.

사린은 연애 시절, 사린이 자신의 어머니와 백화점에서 같이 쇼핑도 하고 찜질방도 가면 좋겠다는 구영의 말에 왜 본인도 안 하는 걸 남이 해주길 바라느냐고 쏘긴 했지만, 자신의 어머니에게 구영이 '완전 효자'인 듯하다고 전한다. 왜 효자가 직접 어머니와 함께 쇼핑하고 찜질방 가는 건 안 하느냐는 근본적인 질문은 차치하더라도, 꽤 좋은 인성을 가진 인간이 자신의 부모님에 대한 은혜를 잊지 않는 건 당연한 것처럼 보인다. 그런 면에서 효는 인격적 미덕이다. 하지만 또한 효는 가부장제를 유지시키는 마지막 보루다. 사회학자 서강대학교 김경만 교수는 《진리와 문화변동의 정치학》에서 서구적 합리성을 기준으로 타인을 설득하는 것이 불가능함을 증명하기 위해 한국 효 문화의 옹호자를 서구적 합리성으로 반박 및 설득하는 사고실험을 한 바 있다(책에서는 결론적으로 실패한다). 그럴 정도로 효는 한국의 생활 세계를 지탱하는 인륜인 동시에 구조적 폭력의 일부다. 이것이 〈며느라기〉에서 그려내는 선의로 이뤄진 진흙탕의 본질이다. 구영과 그의 가족들은 효와 자식에 대한 사랑과 공동체 의식처럼 각각의 미덕을 재료로 가부장제라는 구조를 강화하며 서로가 서로를 구속한다. 하지만 멀리서 보면 모두가 가부장제의 피해자라는 결론은 안일하다. 모두가 공범이 되는 이 구조적 폭력 안에서 당연히 폭력의 피해자는 존재한다. 그것이 민사린이며, 만화 바깥에 있는 수많은 며느리다.

작품의 중간 에피소드에서 다른 등장인물의 입을 통해 밝혔듯, 〈며느라기〉라는 제목은 며느리를 뜻하는 며늘아기를 소리 나는 대로 쓴 말이 아닌, "시댁 식구에게 예쁨받고 싶고 칭찬받고 싶은" 시기로서의 '며느라期'다. 앞서 인륜이자 구조적 폭력으로서의 효를 이야기하기도 했지만, 구조는 언제나 규범의 내면화를 통해 존속된다. 심지어 구조에 의해 착취당하는 입장 역시 그러하다. 자기 어머니 생일 아침에 미역국을 끓여주면 좋아할 거라는 시누이의 메시지에 고개를 끄덕이는 사린을 보며 잘못 끼운 첫 단추의 불길함을 느끼기란 어렵지 않다. 하지만 만화는 '그러니까 이 사달엔 며느리의 책임도 있다'고 말하지 않는다. 그보단 규범의 내면화를 통해 어떻게 착취가 정당화되는지, 그리고 사실 이 구조는 누군가에 대한 착취를 통해 존속된다는 것을 보여준다. 그렇다면 이 구조적 악순환을 끊어낼 의무는 누가 져야 하는가. 〈며느라기〉의 독자가 그러하듯, 사린 역시 조금씩 자신의 '며느라期'를 인식하며 성찰하기 시작하지만, 이 잘못된 악순환의 고리를 끊어낼 의무가 사린에게 있는 것은 아니다.

〈며느라기〉에서 거의 유일하게 시댁의 간섭으로부터 자유로워 보이는 사린의 동서 정혜린은 분명 매력적인 개인주의자이며 기혼 여성들의 이상에 가깝다. 하지만 더 많은 여성들이 혜린처럼 되길 바라는 것과 별개로 현재의 문제들을 여성들이 혜린처럼 되어야 해결될 듯이 이야기한다면, 문제 해결의 책임을 피해자에게 미루는 것밖에 되지 않는다. 사린을 비롯한 기혼 여성들이 주체적으로 며느리의 자리를 거부하는 것과는 별개로, 이 구조를 반성하고 해체할 도덕적 의무와 책임은 결국 가부장제와 그 착취 구조의 최대 수혜자인 남성들에게 있다. 적어도 자신이 파트너와 이룬 작은 공동체를 유지하고 싶다면, 남성들은 자신의 가족을 변화시키든가, 그럴 자신이 없으면 철저히 자기 선에서 가족의 간섭을 차단할 정도의 결기는 갖춰야 한다.

〈며느라기〉가 작품 안에서 증명하는 것은 '일상에 스민 부조리를 해결하기 위해 필요한 건 선의도 아니고 온정주의도 아닌 용기와 결단'이라는 점이다. 그 첫 출발로 남성들은 〈며느라기〉를 읽어보는 것은 물론, 추석에 모인 가족들에게 이 탁월한 작품을 모르는 척 슬쩍 권유해보는 건 어떨까. 읽고 나서 만화에서 주의시켰듯 "혹시 우리 집도 이래?"라고 물어보지 말자. 그걸 이제 와서 질문한다는 사실에 이미 답이 숨어 있으니까. 20170929

+ 2017년 추석을 지나 2018년 설에 완결됐던 〈며느라기〉는 다시 2018년 추석 특별편으로 독자들을 찾아왔다. 특별편에서 사린은 추석에 시가가 아닌 본인 어머니 집부터 먼저 가기로 남편과 약속하지만, 정작 추석이 다가오자 구영이 딴 소리를 한다. 그냥 자신이 음식 하는 거 많이 도와주고 사린의 시누이가 오기 전에 나오면 되지 않겠느냐고. 즉 구영은 변한 게 없었다. 아내가 힘든 것도 알고 기분도 맞춰주고 싶지만 그럼에도 본인 부모님과 담판 지을 최소한의 용기는 없는 남편이란, 사실 그냥 이기적인 남편이다. 자신이 불편한 일은 끝끝내 회피하려 한다는 점에서 그렇다.

의외로 여성들도 오해하는데, 한국 남성들이 가부장제 안에 여성들을 갈아넣는 건 보수적이라서가 아니라 이기적이어서다. 차례와 벌초와 시가 방문에 집착하는 남성들이 조상의 은덕을 진심으로 믿는 건 아니다. 그보다는 아내와 며느리의 노동력을 착취해 누리는 푸짐한 명절 풍경을 포기할 수 없는 것뿐이다. 적어도 한국의 명절 문화에서 전통적 가치란 허구일 뿐이다. 현대에도 이어갈 전통적 가치가 과연 무엇인지 고민하기보단, 한국 남성들의 이기적인 태도를 근대 시민의 기준에서 고발하는 것이 명절 문화와 그 기저에 놓인 가부장제의 실체를 훨씬 잘 드러내줄 것이다. 〈며느라기〉가 그러하듯.

영혼도 웃음도 남기지 않은 시사 풍자 개그맨 황현희의 퇴행

"내 영혼을 팔아서라도 웃겨드리겠습니다."

지금으로부터 9년 전 '2008 KBS 연예대상'에서 화제가 됐던 개그맨 황현희의 우수상 수상 소감이다. 당시 KBS 〈개그콘서트〉에서 '집중토론', '황현희 PD의 소비자 고발' 등 시사 프로그램을 패러디한 말의 향연으로 큰 인기를 끌고 심지어 EBS 라디오 〈최광기·황현희의 시사난타〉까지 생방송으로 진행하며 지성적 개그의 아이콘이 됐던 그이기에 가능했을 자신감 넘치는 발언이었다. 하지만 시간이 흐른 지금의 황현희는 영혼은 영혼대로 팔고 그렇다고 재밌는 것도 아닌 상태가 되어버린 것 같다.

EBS 〈까칠남녀〉 '남자들이여, 일어나라' 편에 남성이 겪는 역차별을 이야기하기 위해 게스트로 출연했다가 무슨 영문인지 고정 패널로 자리잡은 그는 기존 패널 정영진의 아성을 위협하듯 여성 혐오적인 발언들을 쏟아내는 중이다. 가령 '냉동 난자를 부탁해' 편에서 "결혼 후에도 개인의 성취를 위해 임신 안 하려는 여성은 이기적"이라고 발언했던 장면은 캡처된 형태로 두고두고 사람들의 입길에 오르내리는 수준이다. 임신은 여성의 의무가 아니며 기혼 여성의 의무 역시 아니라는, 기본적인 신체적 자율권의 문제조차 가볍게 무시해버리는 그를 보면 출산 이후 육아가 대부분 여성의 몫이라는 여성 패널 은하선의 역시 기본적인 이의 제기조차 너무 고차원적인 것처럼 보인다.

황현희의 발언들은 〈까칠남녀〉 안에서 정영진의 그것과 함께 두 배의 혐오와 편견을 재생산하고 있다. 그것만으로도 결코 간과할 수 없는 문제지만, 황현희라는 개그맨 개인의 서사 안에서 현재의 모습을 비춰볼 때 또 다른 결의 불의가 드러난다. 사실 높은 인기를 끌던 시절에도 그의 개그에 찜찜함이 없던 건 아니었다. 그가 〈까칠남녀〉에 남성을 대변하는 패널로 출연하게 된 계기라고도 할 수 있을 〈개그콘서트〉 '남성인권보장위원회'에서 그와 박성호, 최효종이 "니 생일엔 명품 가방, 내 생일엔 십자수냐!"를 외치며 남성이 겪는 역차별을 주장하던 모습은 여성들에게 경제적으로 선행하는 차별을 지우고 스테레오타입으로서의 된장녀 프레임을 강화한다는 점에서 여성혐오 개그가 맞다. 당시 이 코너를 보며 웃을 수 있었던 건 아직 그 안의 차별적 맥락을 읽어내지 못했던 탓이 크지만, 이 개그가 현실의 여성차별과 분리된 하나의 가상적 세계이며 직접적 차별을 재생산하진 못할 거라는 안일한 낙관주의 때문이기도 했다. 이 낙관은 부스러진 지 오래지만, 황현희가 직접 〈까칠남녀〉에 코미디 연기자가 아닌 자연인으로서 "동물 보호구역도 있는데 남자 보호구역은 없다"고 불만을 제기하는 순간 완벽하게 무너져 근거를 잃어버린다. 어떤 불의가 개그의 소재가 되기 위해선 최소한 그것이 불의라는 단단한 사회적 합의가 필요하다고 할 때, 그의 발언을 통해 지금 이곳에 그런 합의 따위는 없다는 게 증명되는 것이다.

재밌는 건, 이처럼 스스로 현실의 차별 및 비하와 개그 속 차별 및 비하 사이의 간극을 지워버린 그가 흑인을 소재로 한 개그에 대한 샘 해밍턴과의 설전에서 여전히 '개그는 개그일 뿐'이라는 입장을 견지했다는 것이다. 지난 4월, SBS 〈웃찾사〉에 등장한 흑인 분장 개그에 대해 샘 해밍턴이 이는 "인종을 놀리는 것"이라 지적하자, 황현희는 이것이 성급한 일반화의 오류라고 재반박했다. "영구, 맹구라는 캐릭터는 자폐아에 대한 비하로 해석될 수 있고 예전에 한국에 '시커먼스'라는 오랫동안 사랑받았던 개그도 흑인 비하인가?" 역설적으로 그는 놀라울 정도로 과거의 동네 바보 개그와 '시커먼스'의 차별적 요소를 정확히 짚어냈다. 풍자극 같은 이 상황은 일견 코믹하지만, 자신의 순수한 의도를 과신하는 남성이 결과적으로 자신이 가해자가 될 가능성을 놀라울 정도로 과소평가한다는 것을 잘 보여준다.

다시 말하지만 그런 낙관이 유지되기 위해선 현실 안에서의 차별과 혐오, 비하가 충분히 억제되어야 한다. 하지만 이곳의 현실에선 '남성인권보장위원회'가 남성 권력에 대한 풍자가 아닌 진심이었음을 고백하는 개그맨이 젠더 토크쇼의 고정 패널까지 되어 "제가 만약에 학부모라면 제 아이에게 초등학교 때부터 동성애 얘기를 들려주고 싶지 않다"고 말하는 것을 확인해야 한다.

이처럼 차별의 폭력성을 인지하면서도 자신이 그에 동참할 위험성을 간과하는 황현희의 순진한 믿음은 스스로의 선량함을 굳게 믿는 남성들의 자기모순을 꽤 투명하게 드러내준다. 가령 위의 동성애 발언에서 그는 이성애를 자연스럽고 당연한 것으로, 동성애를 부자연스러운 것으로 위계를 두며 호모포비아적인 입장을 드러냈지만 그 와중에도 "동성애에 반대하는 건 아니"라고 말한다. 동성애는 찬반의 문제가 아니라는 걸 차치하면, 어쨌든 호모포비아로 몰리는 것에 대한 부담감을 드러낸 셈이다. 이러한 태도는 앞서 인용한 샘 해밍턴과의 설전에서처럼 자신의 정치적 올바름에 대해 꽤 자신하면서 구조 안에서의 자신의 특권과 가해자성을 성찰하지 못하는 사람이 자기도 모르게 증명하는 자기모순이다. 동성애를 삶의 방식으로 인정하지만 그것을 공적인 경험 영역으로부터 격리해야 한다는 위의 발언은 결국 누군가의 목소리를 공적 차원에서 지우면서 삶의 방식은 인정하자는 기만일 뿐이다.

그는 같은 에피소드에서 "남혐, 여혐 하는 사람 극혐"이라고도 말했다. 본인은 꽤나 공정한 입장에서 일침을 날렸다 생각할지 모르겠지만, 남성혐오가 여성혐오에 대한 혐오의 맥락에서 등장했음을 떠올리면 본인 말대로 '여혐 하는 사람 극혐'하는 게 '남혐'이다. 또 한 번 자기도 모르게 맞는 말을 하며 자신에게 한 방 날린 셈이다.

물론 어떤 불의의 논리적 허점을 꽤 잘 보여준다는 이유로 그의 방송 출연과 발언들이 유의미하다 말할 수는 없다. 정영진이 그러하듯, 그의 모순 가득한 발언들은 실제로 모순 가득한 이들의 불의한 발언에 힘을 실어주는 마이크가 될 뿐이다. 특히 나름 시사풍자 개그의 새로운 선봉으로 기대받고, 심지어 그것을 자본 삼아 XTM 〈생방송 젊은 토론, 설전〉에 토론자로 나서기도 했던 황현희가 거의 10년이 지나 남자로서의 억울함을 끊임없이 토로하고 있는 것을 보는 건 여러모로 퇴행적이다. 이러한 풍경을 비추는 〈까칠남녀〉가 정영진만 있을 때보다 퇴행한 것도 사실이다.

황현희가 본인의 개그로 증명한 것처럼, 이것이 왜 문제인지에 대해 사회적으로 고찰되고 공유되지 않은 불의한 통념은 매스미디어를 통해 비춰질수록 실재하는 힘을 견고히 할 뿐 어떤 비판적 전망도 남기지 못한다. 사실성과 타당성 사이의 긴장을 잡아내지 못하는 현실 인식은, 미래로 투영해낼 당위적 현실을 상상하지 못하는 현실 반영은, 그래서 퇴행적이다. 황현희가 영혼을 팔았든 안 팔았든 지금의 그와 〈까칠남녀〉를 보며 웃을 수 없는 이유다. 20171117

+ 이 글에 대해 당시 〈까칠남녀〉 출연진이자 실천적인 페미니스트라 말할 수 있는 손아람 작가는 본인의 SNS를 통해 "무슨 뜻인지 알지만", 본인이 시즌 2에 출연하기로 한 것은 "황현희 씨나 정영진 씨 같은 명백한 안티 페미니스트 패널을 확보"했기 때문이라 밝히며, "어떤 운동이 압도하는 목소리로 승리하는 경우는 본 적이 없"고 "운동은 논쟁 자체가 압도적인 지분을 가질 때만 성공할 수" 있기에 〈까칠남녀〉의 논쟁 구도가 페미니즘 운동을 위해서도 더 도움이 된다는 반론을 올렸다. 녹화 뒤 정영진이 "오늘은 당신(손아람)에게 설득당한 것 같아"라고 말했다던 미담도 추가했다.

나 역시 무슨 뜻인지 알지만 동의하기 어렵다. 그래서 실제로 어떻게 되었나? 정영진은 팟캐스트에 출연해 〈까칠남녀〉 여성 스태프와 여성 출연자들을 모욕했다가 하차했고, 황현희 역시 〈까칠남녀〉 종영 이후 〈이슈시개〉라는 웹 연예 분석 프로그램에서 "변질된 미투" 따위의 말을 하거나 이선옥 작가와 함께 〈우먼스플레인〉이라는 웹 토크쇼를 진행하며 '안희정은 무죄다' 따위의 이야기를 하고 있다.

어떤 이슈가 힘을 받기 위해서는 논쟁의 압도적인 지분이 분명 필요하다. 하지만 잘못된 주장에 과도한 지분과 발언권을 주는 것은 논쟁 자체를 왜곡시킨다. 불합리에 대한 날 선 배제와 비판이 규칙으로 통용될 수 없다면 논쟁을 통한 합리적 합의를 기대하기란 어렵다.

안티 페미니즘은 논쟁의 대상인가, 제대로 된 논쟁을 위한 청소의 대상인가. 후자라는 것이 정영진, 황현희 사례를 통해 우회적으로 실증되었다고 본다.

과학 잡지 《스켑틱》의 편집장 마이클 셔머는 비판적 사고를 가로막는 오류 중 하나로 '박해를 받는 쪽이 올바르다는 믿음'을 꼽으며 다음과 같이 말한 바 있다. "사람들은 코페르니쿠스를 보고 웃었다. 사람들은 라이트 형제를 보고도 웃었다. 그래서 어쨌단 말인가? 순교자가 된다는 것이 당신이 옳음을 뜻하지는 않는다." 셔머의 이 통찰은 "온라인 생태계와 인권 운동의 정신을 교란하는 폭도"들과 "일당천"(모두 본인 발언에서 인용)으로 전투를 벌이는 중인 배우 유아인에게 꼭 필요해보인다.

한 트위터 유저가 "유아인은 (중략) 애호박 하나 덜렁 들어 있으면 (중략) 코를 찡긋하며 '혼자라는 건 뭘까?' 하고 코를 찡긋할 것 같다"고 올린 멘션에 그는 직접 "애호박으로 맞아봤음? (코 찡긋)"이라는 멘션으로 대응했다가 어쨌든 농담으로라도 때린다는 표현은 폭력적이고 여성혐오적인 맥락이 있다는 비판에 강하게 반발하며 몇날 며칠째 트위터에서 설전을 이어갔다. 페이스북을 통해 "나는 페미니스트"라고 선언하며 다시 한 번 자신의 결백과 선의를 주장했던 그는, 이후 또 "나는 페미니스트가 아닌 조직폭력배와 싸우고 있다"고 말했다. 그가 상당수 여성 네티즌들에게 비난과 조롱을 받은 건 사실이다. 하지만 다시 셔머의 말을 빌리자. 그래서 어쨌단 말인가? 자신의 도덕성이 훼손된 것에 대해 유아인이 느끼는 분함과 억울함이, 스스로 믿어 의심치 않는 진정성이, 옳고 그름을 가르는 기준은 아니며 누군가가 페미니스트냐 아니냐를 가르는 기준 역시 되지 못한다.

오히려 유아인이 스스로의 진정성을 증명하는 데 몰두할수록 실제로 증명된 것은 진정성에 대한 집착의 악영향이다. 애호박으로 맞아본 적 있냐는 말에 큰 악의는 없었을 것이다. 다만 현실 세계에선 애호박으로든 오이로든 남성이 '맞을래'라고 말하는 것이 여성들에게 위협이 된다는 것을 이해하고 자신의 발언을 이러한 맥락 위에서 파악하는 것이 페미니스트로서의 실천이다. 애호박 발언이 여성혐오적이라는 게 조금 과도할 수는 있을지언정, 페미니스트로서 살겠다는 사람이 할 농담은 아니며 자신이 페미니스트라고 한 번 더 당당히 선언하면서 끝끝내 사과하지 않아도 되는 농담은 더더욱 아니다. 그는 이러한 모순을 극복하는 대신 자신의 진정성을 의심하고 비난하는 사람들을 "메갈짓"을 하는 "폭도"로 규정했다. 여기엔 두 가지 불의가 작동한다. 우선 2015년 등장한 이후 사이트가 사라질 때까지 메갈리아에서 이룬 실천적 성취가 부정당한다. 메갈리아를 통해 여성들이 경험을 공유하는 과정으로 여성 일반이 겪는 부당함에 대한 공통의 경험 세계가 실증되었으며, 이러한 공통의 기반 위에서 정당한 분노를 공유하고 과격하다는 비난을 들으면서도 한국의 여성혐오 문화에 직접적 타격을 가한 것은 부정할 수 없는 메갈리아의 성취다. 하지만 메갈리아와 진짜 페미니즘을 구분하는 이분법을 통해 이러한 성취를 부정하는 남성은 그럼에도 진짜 페미니즘의 수호자로서 도덕적 우월함을 내세울 수 있다. 이것이 두 번째 불의다.

정치적 선언을 한다는 것은 앞으로의 실천에 대한 스스로의 다짐으로서만 의미를 가질 뿐, 그 자체로 어떤 자격이나 정체성을 부여해주는 것은 아니다. 중요한 건 실천이다. 남성 페미니스트란 자신이 속한 남성 중심적 사회에 스민 여성혐오적 관점과 편견을 끊임없이 점검하고 반성하며, 자신에 대한 여성들의 의구심 가득한 시선을 당연하게 받아들이고, 언제든 의도와 상관없이 성 불평등 구조 안에서 자신이 가해자가 될 수 있다는 불안감을 잊지 않는 그 모든 실천으로서만 존재한다. 스스로에 대한 한 치 의심 없는 유아인의 태도는 그래서 조금 당혹스럽다. 단순히 모순적이라서가 아니라, 너무 익숙한 모습이기 때문이다.

메갈리아가 등장했을 때 수많은 남성들은 유아인이 그러했듯 착한 페미니즘, 진정한 페미니즘 운운하며 페미니즘의 투쟁적 힘을 빼앗으려 했다. 좋은 말만 해선 변하지 않는 세상은 모른 척하고 여성들의 과격함만을 문제 삼았다. 이미 수많은 여성들을 통해 논파된 기만이다. "폭력은 더 큰 폭력을 낳는다"면서 유아인은 '메갈짓'을 비난하지만, 지난 2년간 증명된 건 여성들도 남성들을 모욕할 수 있다는 것을 보여준 뒤에야 형식적으로나마 이 사회가 여성들의 눈치를 보는 수준이 되었다는 것이다. 넷페미 운동사로 명명해도 될 이 일련의 과정에 대해 유아인은 놀라울 정도로 무지하다. 무지 자체는 죄가 아닐 수도 있다. 하지만 그 무지가 무언가에 대해 몰라도 되는 입장에서 유래한다면 이는 권력의 문제이며, 이 권력이 뿌리 깊은 구조적 불평등 위에서 작동한다면 윤리의 문제가 된다. 유아인의 무지는 비윤리적이다.

유아인이 딱히 새롭지 않은 낡은 논리와 현실 인식으로 여성들을 공격한다는 것이 사태의 심각성을 누그러뜨리는 것은 아니다. 논의를 퇴보시켰다는 점에서 오히려 더 큰 해악이다. 가상 세계에 숨지 말고 진짜 본인들이 입은 피해를 입증해보라는 말은 어떠한가. 자신의 페미니스트라는 지위는 본인의 선언만으로 정당화되지만, 정작 여성 차별 사회에 사는 여성들은 피해자성을 입증해야 한다. 그는 선량한 피해자로서의 여성과 폭도로서의 가짜 페미니스트라는 허구적 이분법을 통해 여성들을 갈라치기하려 했지만 결국 그의 편을 드는 것은 남성 페미니스트의 시혜적 태도에 감읍하는 가상의 여성들이 아닌 '일베', '오유' 등으로 대표되는 남초 커뮤니티다. 그는 그들에게 새로운 무기를 제공하진 않았다. 정교한 반성적 논증 대신 스스로에 대한 떳떳함 하나로 돌파하는 그는 어느새 남초 커뮤니티에서 일기당천의 장수가 되었고, 이러한 이미지를 구심점 삼아 모인 남성들이 과격한 폭도로서의 '메갈'에게 공격받는 '선량한 남성'의 포지션을 다시 한 번 점유하게 해줬다. 대체 여기 어디에 페미니즘이 있는가.

애호박에 대한 시답잖은 농담으로 시작된 설전은 여기까지 왔다. 정말이지 생각하지 못했던 일이다. 또한 그렇기에 기억해둘 만한 일이기도 하다. 정치적으로 꽤 올바른 말과 행동을 하던 개인이 자신의 진정성을 몰라주는 것에 분노하다가 결국 자신이 믿는 자기 모습의 반대 방향으로 질주하는 과정을 단 1주일 속성 코스로 확인할 수 있기 때문이다.

하지만 이제 와서 유아인의 영혼을 걱정하는 것은 한가한 일일 것이다. 속마음이야 어떻든 이제 여성혐오로 불릴 말과 행동은 조심해야 한다는 최소한의 경험적 학습은 다시 당당한 무지의 상태로 퇴행하는 중이다. 여성들에게서 분노할 권리를, 남성을 모욕할 권리를 빼앗고 자신들의 입맛에 맞는 고분고분한 피해자로서의 자리를 요구하는 이들이 다시금 페미니스트라는 이름을 전유하려고 한다. 페미니즘을 참칭하며 안티 페미니즘을 실천하는 이들이 다시 목소리를 높이고 여성들의 목소리를 잠재우려는 시도 앞에서 걱정해야 할 건 다시 또 지난한 싸움을 앞둔 저 수많은 여성들이다. "밥그릇을 걸고" 싸웠다지만 덕분에 단숨에 남성 연대의 아이콘이 된 한 스타가 아니라. 20171201

+ "오랜만에 트위터에 접속했다가 제 평소 캐릭터를 이용한 농담이 너무 재밌어서 친근하게 농담을 걸어본다는 것이 많은 유저 분들의 마음을 불편하게 만들었습니다. 저 스스로는 어떤 악의나 여성 비하를 의도했던 것은 아니었지만, 여러 유저 분들의 지적처럼 '맞아 봤음?'이라는 농담이 한국 사회를 살아가는 여성들에게는 농담으로만 받아들여질 수 없는 표현이라는 것에 동의합니다. 남성으로서 그런 것에 대해 고려하지 않는다는 것이 실천적으로 여성혐오적인 행동이 될 수 있으며, 또한 스스로를 페미니스트라 칭했던 사람이 할 일은 더더욱 아니었다는 것을 통감합니다. 제가 입으로 말했던 페미니스트라는 말의 무게가 얼마나 가벼웠던 것이었는지 새삼 깨닫고, 그 진정한 의미를 제 삶 안에서 실천할 수 있도록 계속 고민하고 반성하는 사람이 되겠습니다. 따갑지만 좋은 가르침을 주셨던 모든 분께 감사와 사과의 말씀 드립니다."

라고 썼다면 얼마나 좋았을까.

'마녀사냥'이라는 레토릭

유럽에서 마녀사냥이 절정에 이른 16세기 이전에, 이미 이를 위한 이론적 준비(?)는 끝나 있었다.

1487년 발간된 《마녀의 철퇴》는 말하자면 마녀에 대한 이론 전반과 마녀를 가려내는 방법을 총망라하며 당대의 베스트셀러가 된 책이다. 이 책 전반을 가로지르는 정서는 명백히 여성혐오적인데, 가령 악마와의 성교가 마녀 악행의 핵심이라 하는 점에서는 전통적 정조관을 통한 여성 억압의 메커니즘이 그대로 발현됐다. 마녀의 주요 죄악 중 하나로 남성의 성 기능 장애가 거론되는 것 역시 명백히 남성 중심적이고 여성혐오적인 관점이다. 잘 알려진 것처럼 이들 남성 중심적인 교회는 수많은 무고한 여성들을 마녀로 몰아 화형시키고 그들의 재산을 수탈했다. 마녀사냥은 단순히 종교적 광신의 문제만이 아니며, 정교하게 여성을 억압하고 수탈하는 여성혐오의 역사를 증명한다.

혹시나 싶어 '유아인'과 '마녀사냥'을 함께 검색했더니 역시나 이번 애호박 건에 대해 연예인에 대한 대중의 마녀사냥이라는 레토릭을 쓰는 기사를 찾을 수 있었다. 물론 이제 경험화용론적으로 마녀사냥이란 워딩이 별다른 의미값 없이 아무렇게나 사용된다는 것은 알고 있다. 하지만 적어도 그 단어를 쓰고 싶다면 한 번씩은 생각했으면 좋겠다. 실제 마녀사냥은 단순한 무지나 종교적 광신으로 벌어진 무작위 폭력이 아니며, 오히려 약자인 여성을 대상으로 증오와 폭력을 쏟아냈던 철저히 계산적인 기획이었다는 것을. 그 폭력으로 여성들은 조리 돌림 정도가 아닌 화형을 당해야 했다는 것을. 자기를 비판하는 여성들을 폭도로 규정하고 그 반사이익으로 정치적 입장을 막론한 남성들의 지지를 받는 스타에 대해 마녀사냥의 피해자라고 말하는 게 온당한가? 오히려 지금 마녀가 된 건 유아인의 말 한 마디로 폭도가 된 저 수많은 여성들이 아닌가? 동서양을 막론하고 뿌리 깊은 여성혐오의 힘으로 하나 된 남성들이 마녀사냥이라는 레토릭까지 차지하는 것은 정말 너무나 몰염치하지 않은가?

흥미롭게도(이 표현을 써도 된다면), 유아인이 자신의 애호박 트윗에 대한 비판에 신경질적인 반응을 보이며 쓴 말은 "잔 다르크 돈

네요" 였다. 잔 다르크, 당대의 영웅이었지만 마녀로 몰려 화형당한 바로 그 사람이다. 20171205

+ 꽤 비슷한 경우라고 생각하는데, 2018년 10월 소설가 이외수가 본인의 SNS 계정을 통해 공개한 짧은 시(라고 해도 된다면)에서 단풍을 여성으로 비유하며 "치맛자락을 살랑거리며 화냥기를 드러내 보여도" 같은 구절을 쓴 것에 대해 여성혐오적이라는 비판을 받자, 동료 문인 류근은 SNS에서 "중국의 문화혁명"을 예로 들며 우려했다. 무언가에 대해 혐오 표현 혹은 비하 표현이라는 것을 지적하거나 정치적으로 올바르지 못하다고 지적하는 것이 일종의 문화적 매카시즘이 될 수 있다는 우려는 꾸준히 존재했다. 그리고 그때마다 소환되는 비유가 문화혁명, 마녀사냥 그리고 공안정국의 검열 등등이다.

하지만 실제로 마녀사냥과 문화혁명, 검열이 증명하는 것이 있다면, 정말로 그런 비극을 만들어내는 것은 어떤 발언에 대해 불편함을 느끼는 민감함이 아니라 그 불편함을 근거로 누군가를 문자 그대로 침묵시키거나 제거할 수 있는 권력이란 점이다. 그렇다면 이제야 겨우 문화나 예술이라는 이름으로 무비판적으로 사용하던 여성혐오와 차별적 언어를 지적하는 이들에게, 마녀사냥이니 문화혁명이니 하는 말로 침묵을 강요하고 비판의 자유를 축소시키려는 이들이야말로 실제로 마녀에게 불을 붙이고 반대파를 숙청하는 가해자들에 가깝지 않은가? 그토록 오래된 혐오의 역사에서, 화형당한 마녀의 후

예들인 여성들이 '생존'을 걱정해왔다면, 지금 와서 마녀사냥 운운하는 남성들의 가장 큰 고통은 '억울함'이다.

그러니 권력은 정말 좋은 거다. 원한다면, 피해자의 자리까지도 빼앗을 수 있다.

명예남성과 개념녀의 문제 그리고 남성 페미니스트의 오만

2017년 말 온스타일 〈뜨거운 사이다〉 출연 당시의 일이다. 방송에선 편집됐는데, SBS 라디오 〈배성재의 텐〉 작가가 부당하게 하차한 건에 대해 나는 설령 작가 스스로 하차를 결정했다 할지라도 제작진이 나서서 부당한 항의로부터 적극적으로 보호하는 것이 맞았으며 처음부터 항의하는 이들에게 제작진이 해명했던 것도 문제였다고 지적하며 영화 〈트럼보〉의 대사를 인용했다. "그들이 물어볼 권리가 없는 질문에 대해선 대답해줘선 안 된다."

해당 발언에 대해 모든 여성 패널이 동의해주었지만, 다른 대화 도중 옛 동료이기도 한 이지혜 기자는 앞서의 대사를 재인용하며, 여성들은 물어볼 권리가 없는 질문에 대해 대답해주지 않을 때

폭력을 당하거나 죽을 수도 있다고 이야기했다. 둘 다 해당 대사의 정치적 입장에 대해서는 동의하지만 그에 대해 남녀가 실천적으로 느끼는 무게는 이토록 다르다.

나는 이것이 정치적 올바름을 추구하는 남성이 특히 페미니즘 이슈에서 젠체하지 말아야 하는 중요한 지점이라고 본다. 또한 페미니즘 이슈에서 침묵하거나 아예 반동적인 입장을 취하는 여성에 대해 쉽게 평가질을 해선 안 되는 이유이기도 하다. 여성혐오의 내면화는 남녀 모두에게 이뤄질 수 있지만, 둘의 메커니즘은 매우 다르다. 둘 다 구조적 압박에 대한 순응이라 해도 여성의 경우엔 순응하지 않았을 때 정말로 생존에 위험이 생길 수 있다. 여성 안티 페미니스트에 대해 쉽게 '여적여(여성의 적은 여성)' 구도를 붙이고 싶은 남성들이 있겠지만, 정확히는 언제든 '여적여'를 말할 수 있는 남성 권력의 구조가 여성에게 안티 페미니즘을 강제하는 것에 가깝다.

물론 소위 명예남성이나 개념녀라 불리는 여성들의 안티 페미니즘적인 발화가 가져오는 실천적 반동은 상당히 세다. 특히나 남성들에게 '페미니즘 말고 이퀄리즘' 따위의 근거로 활용될 수 있다는 점에서 더더욱 그러하다. 때문에 과연 명예남성과 함께 갈 수 있을 것인지 고민하는 여성 페미니스트들도 있다. 그것이 가능한가 그렇지 않은가, 혹은 그것이 옳은 방향인가 아닌가는 내가 감히 가늠하기 어려운 주제다. 다만 확실히 말할 수 있는 건, 남성이 페미니즘적으로 더 올바른 입장을 취하는 순간에조차 여성의 여성혐오를 한심하게 보거나 계도의 대상으로 보는 건 매우 오만한 일이라는 것이다.

흔히 남성의 무지는 권력에서 온다고 한다. 맞다. 하지만 무지를 벗어난 남성의 지성과 윤리도 사실 권력에서 온다. 그걸 잊어선 안 된다. 20180111

\+ 사실 요즘은 위의 말을 온전히 지키기 어렵다. 그동안의 안티 페미니즘 담론을 끌어 모아 "그 페미니즘은 틀렸다"고 말하는 오세라비 작가나, 유튜브에서 황현희와 함께 〈우먼스플레인〉을 진행하면서 '안희정은 무죄다' 따위의 이야기를 하는 이선옥 작가 등을 보며 비판을 참기란 어려운 일이다. 하지만 그럼에도 그때마다 수잔 팔루디가 쓴 《백래시》의 다음 구절을 떠올린다. "뉴라이트 남성들은 페미니스트에게 커다란 공격의 화살을 날리고 싶을 때면 뉴라이트 여성 뒤에 숨었다." '나도 여성이지만 지금의 페미니즘은 문제가 있다'라는 식으로 안티 페미니즘에 당위를 부여하는 두 사람을 존중하기란 어렵지만, 그럼에도 불구하고 그 둘을 비판하기 전에 그 오세라비를 tbs 라디오 〈뉴스공장〉에 출연시켜 권위를 부여해줬던 김어준, 〈리얼뉴스〉 필진으로 오세라비를 적극적으로 밀어주는 박가분, 〈우먼스플레인〉을 제작하는 김용민 같은 남성들의 얼굴을 먼저 떠올려야 할 것이다. 수잔 팔루디의 말대로, 여성 안티 페미니스트를 발굴해 그 뒤에 숨은 남성들의 얼굴을.

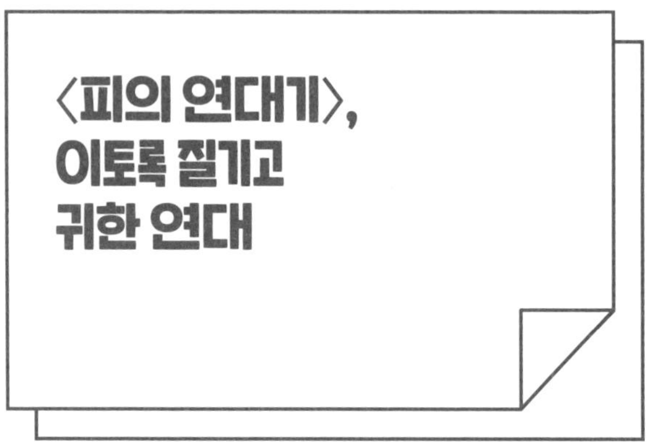

〈피의 연대기〉, 이토록 질기고 귀한 연대

이것은 교차와 연결에 대한 이야기다.

여성의 월경을 소재로 한 다큐멘터리 영화 〈피의 연대기〉는 종으로는 달마다 피를 흘려야 했던 여성들의 역사를 연대기年代記로 풀어내는 동시에, 횡으로는 자신의 몸에서 벌어지는 일을 이해하고 공유하며 사회적 의제로 만들어내기 위해 노력하는 여성들의 피의 연대連帶를 보여준다. 자신은 패드형 생리대를 쓰지 않는다고, 너희는 생리대를 쓰느냐고 되묻는 외국인 친구를 보고 감독 본인이 호기심을 느껴 시작된 월경에 대한 종과 횡의 탐구에서 이 둘은 서로 분리되지 않고 끊임없이 교차한다. 의학적 지식이 부족해 월경혈이 여성의 열등함을 증명한다고 믿었던 시대를 살았던 여성의 경험은 21세기가 십수 년 지난 지금도 '처녀막'이라는 잘못된 용어와 잘못된 선입관에 시달리는 여성의 경험과 조우하고, 여성들을 위해 생리컵을 개발한 리오나 차머스의 노력은 수십 년이 지난 지금 여성들을 위한 중요한 대안이 된다. 종과 횡이 교차하는 촘촘한 스토리텔링을 통해 월경이라는 키워드 안에서 교차하는 문화적·사회적·생리적·정치적 맥락 역시 자연스럽게 드러난다. 남성 인터뷰이를 거의 등장시키지 않았음에도 이 작품이 남성 관객에게 교육과 계몽의 효과를 주는 건 일차적으로 잘 직조된 스토리텔링과 정보량 때문이지만, 또한 이 교차와 연결의 그물망으로부터 남성 역시 자유로울 수 없다는 것을 깨닫게 해주기 때문이다.

교양 다큐로서 〈피의 연대기〉는 높은 곳에 서서 관객에게 한 수 가르치기보다는, 연출자이자 화자인 감독 스스로 월경에 대한 본인의 무지를 인식하고 다양한 여성의 경험을 공유하고 취재하는 과정을 관객이 함께 따라가도록 유도한다. 모르던 것을 알아간다는 것만으로도 이 과정은 충분히 교육적이다. 파피루스를 말아서 탐폰을 만들었던 이집트부터 면과 거즈로 집에서 생리대를 만들어 썼던 할머니·어머니 세대의 이야기는 흥미로운 미시사이며, 면 생리대, 울 탐폰, 해면 탐폰, 생리컵 등 패드형 생리대의 대안이 될 수 있는 제품 소개는 동시대 여성들에게 실용적인 정보다. 그리고 무엇보다 월경에 대한 여성 인터뷰이들의 크고 작은 경험담들이 여성 관객들에게 '피의 연대'를 느끼게 해준다면, 남성들에겐 월경이 인류 반수의 보편적 경험이라는 것을 새삼 깨닫고 인식하는 계기를 만들어준다. 월경에 대한 '그날'이란 표현 때문에 정말로 한 달에 하루만 겪는다고 생각하거나(김보람 감독도 '관객과의 만남' 자리에서 '그날'이란 표현의 해악에 대해 지적했다), 영화 속에 나온 댓글처럼 참으면 되는 일 아니냐고 말하는 남성들이 적지 않은 이곳에서, 남성 관객이 간접적으로나마 여성의 경험 세계를 공유하는 과정은 그 자체로 큰 계몽이다.

하지만 〈피의 연대기〉가 남성 관객에게 정말 계몽적인 건, 단순히 무지로부터 앎을 향해 가기 때문만이 아니다. 인류 반수가 선사시대부터 지금까지 겪어온 보편적인 경험에 대해 당사자들을 포함한 인류 대부분이 무지하거나 부정적이라는 것은 이미 어딘가 미심쩍은 일이다. 당장 월경을 소재로 한 영화가 이제야 나왔다는 사실 자체가 그렇다. 〈피의 연대기〉는 무지로부터 앎을 향해 나아가는 동시에, 이 무지가 사실은 학습되고 강요된 무지라는 것을 드러낸다. 선악과를 따 먹은 이후 여성에게 월경의 고통이 시작됐다는 기독교 신화는 월경을 잘못에 대한 징벌로 규정했다는 점에서, 초경에 대해 '이제 여성'이 된 것이라고 축하하는 문화는 여성을 아이 낳는 존재로 규정한다는 점에서 다분히 여성혐오적이다. 그리고 거의 모든 여성혐오가 그러하듯, 월경에 대한 무지와 오해는 남성 중심적인 관점과 구조에서 비롯되며 그로 인해 강화 및 재생산된다.

가령 탐폰을 끼면 처녀막이 찢어지지 않느냐는 영화 속 질문은 무지한 게 맞지만, 이것은 텅 비고 투명한 상태의 무지가 아니다. 탐폰에 대한 부정적인 인식엔 처녀막이라는 잘못된 단어 속에 스민 여성에 대한 순결 이데올로기가 깔려 있다. 처녀막은 기본적으로 막이 아닌 주름에 가깝고 처녀성과는 상관이 없지만, 무엇보다 처녀성 자체가 순결을 강요하는 용어다. 지하철에 상당한 하혈을 한 뒤 미처 뒤처리를 못하고 내린 여성에 대해 걱정하기보다는 민폐를 끼쳤다며 핏자국 사진을 찍고 조리 돌림을 한 남성 누리꾼 역시 그저 무지해서 여성에게 잘못된 혐오를 투사했다기보다는, 월경을 비롯한 여성의 문제를 몰라도 되는 것으로 치부하는 문화 속에서 그렇게 당당히 무지를 전시할 수 있었다고 보는 게 맞다. 여성들의 삶이 종횡으로 교차하는 〈피의 연대기〉엔 남성들이 동참하거나 침묵하며 수혜를 입었던 남성 중심적 문화와 권력의 맥락 역시 교차하고 연결되어 있다.

오해하진 말자. 이 영화는 단 한순간도 남성에게 적대적이거나 분노하지 않으며, 언뜻 무섭게 느껴지는 제목과 달리 시종일관 유쾌한 분위기와 경쾌한 리듬을 유지한다. 월경에 대해 잘 이야기하지 않아왔던 평범한 여성들의 이야기를 더 많이 듣기 위해 기존에 널리 알려져 있던 페미니즘 활동가 섭외를 피하려 했던 감독의 의도 덕에, 인터뷰이 각각의 목소리는 하나의 관점에 갇히지 않고 생기 있게 약동한다. 하지만 바로 그 이유로 〈피의 연대기〉는 역설적으로, 여성 창작자가 여성 당사자의 삶에 대해 진지하게 관찰하고 궁구하는 순간 그 텍스트는 필연적으로 여성주의적인 맥락과 효과를 가지게 될 수밖에 없다는 것 역시 보여준다. 영화 후반부 뉴욕시의 무상 생리대 법안 통과를 이끈 페미니스트 활동가의 "이것은 평등의 문제"라는 말과 함께, 월경에 대한 연대기적 탐구의 여정은 이것이 여성 개개인의 불편함 문제가 아닌 사회 공동체가 논의해야 할 정치적 의제라는 결론에 이른다. 이를 통해 남성 관객 역시 자신의 무지와 그 무지를 가능하게 했던 불의의 연대를 인식하고, 월경을 비롯한 여성주의적 이슈에 대한 동료 시민으로서의 책임을 깨달을 수 있다.

그런 이유로 이 영화를 더 많은 사람들이 보면 좋겠다. 남녀노소 모두에게 필요한 필수 교양으로, 오랜 시간 끈끈하게 이어져온 여성들의 피의 연대를 느끼고 용기를 얻을 수 있는 공감의 서사로, 남성이기에 몰라도 된다고 믿었던 학습된 무지를 깨뜨려줄 계몽적인 텍스트로. 학교에서 단체 관람을 해도 좋을 것이고, 배우자나 이성 연인에 대해 여전히 아는 것이 부족한 남성들이 파트너와 함께 보고 이야기 나눠도 좋을 것이다. 많은 이들이 나와 남을 연결하지 못하는 공동체 문화의 붕괴를 안타깝게 이야기하지만, 공통의 경험 세계를 공유하고 복구해주는 텍스트는 흔치 않다. 그리고 〈피의 연대기〉는 그런 흔치 않은 작품 중 하나다. 지하철에서 심각한 하혈을 했던 여성의 사연은, 비싼 생리대 가격 때문에 신발 깔창으로 대신해야 했던 학생의 슬픔은, 거즈로 만든 생리대를 차고 1시간씩

등·하교를 하다가 허벅지가 다 헤진 어머니 세대의 지난 경험은 모두 교차되고 연결되어 지금 이곳에서 우리가 나아가야 할 방향은 무엇일지에 대한 논의와 전망의 제법 단단한 토대를 이뤄낸다. 이것이 시민의 교양이 아니면 과연 무엇이 시민의 교양이란 말인가.

20180202

+ 최근 생리대 브랜드 나트라케어 광고는 '그날'이라는 표현과 '그날'에도 자신 있게 뭐든 할 수 있다는 기존 생리대 광고의 문구들을 정면으로 부정해 화제를 모았다. 아프고 신경질 나는 게 당연하고 그럴 때 아무것도 하지 않아도 된다, 그게 생리라는 것. 해당 광고 제작자가 〈피의 연대기〉를 봤는지는 모르겠다. 안 봤을지도 모르겠다. 하지만 이러한 광고가 가능하고 또한 시장에서 좋은 반응을 얻을 수 있다는 것은 그만큼 사회적 인식의 변화가 일어나고 있으며 여성 소비자들의 잠재적 욕구가 더 구체화되었다는 것을 뜻한다.

이러한 흐름은 결코 하나의 시발점에서 만들어지지 않으며, 여기저기서 동시다발적으로 터져 나오는 동시대 목소리의 총합으로 이해하는 게 마땅할 것이다. 그 목소리 중 하나로 〈피의 연대기〉를 꼽는 건 당연한 일이지만, 정말 중요한 건 그렇게 세상의 통념과 편견에 대항하는 여러 담론과 표현들이 서로를 의지하며 강하게 엮여 무시할 수 없는 흐름을 만들어냈다는 점이다. 제목 그대로 '피의 연대'라 할 수 있는.

아이린에 분노하는 한국 남성이란 부족

"절대 이분들을 놀라게 하면 안돼."

SBS 〈정글의 법칙〉에서 김병만이 외부 문명과 접촉이 없다던 와오라니 부족을 보며 했던 말이다. 그들이 사실은 투어 프로그램을 운영한다는 것이 밝혀지며 종종 놀림과 패러디의 대상이 됐던 이 문구는, 머나먼 정글이 아닌 훨씬 가까운 곳에 존재하는 다른 부족을 위해 필요해보인다. 바로 '일부' 한국 남성이라는 부족이다.

이 부족은 정말 쉽게 놀라고 쉽게 상처 받는다. 그들은 여성이 무엇이든 할 수 있다는 사실에 놀라서 펄쩍 뛴다. 걸그룹 에이핑크 멤버 손나은이 'Girls can do anything'이라는 문구가 적힌 스마트폰 케이스를 인스타그램에 올리자 이들 부족은 늪지에서 나온 괴물이라도 본 듯 맹렬히 비난 댓글을 달아 결국 해당 게시물을 내리고 협찬 제품일 뿐이라고 해명하게 했다. 한국 남성 부족은 여성이 베스트셀러 소설을 읽는 것에도 예민하게 반응한다. 지난 1월 소녀시대 멤버 수영이 웹 리얼리티쇼 〈90년생 최수영〉에서 자신이 《82년생 김지영》을 읽고 어쩌면 스스로도 당연하게 여겨온 불평등과 차별을 인식하게 됐다고 말하자, 디시인사이드의 남성 유저들은 심한 인신공격을 퍼부었다. 독서하는 여성에 대한 당혹스러움은 최근 걸그룹 레드벨벳 멤버 아이린이 팬미팅 자리에서 역시 《82년생 김지영》을 읽었다고 밝히면서 다시 한 번 드러난다. 아이린의 사진을 불태우고 인증하는 모습에선 그들의 분노와 함께 사진을 통해 대상을 해코지하려는 주술적 사고도 확인할 수 있다.

아이린, 최수영, 손나은이 무엇을 잘못했는가? 별로 의미 없는 질문이다. 변호할 것도 변명할 것도 없는 문제다. 소녀가, 여성이 무엇이든 할 수 있다는 말이 싫다면 그건 그냥 성차별주의자일 뿐이다. 한 개인이 한국 사회의 평균적인 여성상을 담담하게 그려내 베스트셀러가 된 소설을 읽은 게 싫고 읽었다고 말하는 게 싫다면, 생각의 자유와 발언의 자유를 인정하기 싫은 파시스트일 뿐이다. 해당 발언과 소설이 페미니즘을 대변하기 때문에 문제라는 시비도 마찬가지다. 몇몇 매체는 선의로 아이린을 옹호하기 위해 단지 《82년생 김지영》을 읽은 것만으로 페미니스트 선언으로 볼 수 없으며 '페미니스트 논란'에 휩싸이는 건 과도하다는 논리를 폈지만, 근본적으로 '페미니스트 논란'이라는 말 자체에 어폐가 있다. 성에 따른 불평등이 실재하는 사회에서 그것을 더 평등한 방향으로 옮기자는 것에 논란이라는 말을 붙이는 게 정당한가? 평등주의자 논란, 민주주의자 논란, 자유주의자 논란(특히 'Girls can do anything'에 있어) 같은 말이 성립할 수 없는 것처럼 '페미니스트 논란'도 가짜 개념이다. 여성혐오 논란, 차별 발언 논란, 표현의 자유 제한 논란이 가능할 뿐이다. 민주주의적 이상을 지닌 시민사회에서 합의된, 아니면 최소 합의를 가정한 전제들을 지키는 데 있어 수세적 입장을 취할 이유는 조금도 없다.

증명해야 할 것은 아이린의 잘못 유무가 아니다. 질문하고 증명(혹은 반증)해야 할 건, 과연 손나은과 아이린과 수영에 분노하고, 'Girls can do anything'이란 표현에 신경이 곤두서는 한국 남성 부족을 현대 문명사회의 구성원으로서 동등하게 취급할 수 있느냐는 것이다. 물론 신중하게 접근해야 한다. 비록 그들이 시민사회의 전제가 될 규범들을 처음 보는 것처럼 놀람과 증오의 시선으로 다룬다 해도 그들을 쉽게 비합리주의자로 전제하는 것은 위험하다. 철학자 위르겐 하버마스는 《의사소통행위이론》에서 기존 원시 부족 연구 방법론을 비판하며 다음과 같이 말한다. "해석자는 문제가 되는 발언이 일단 합리성을 가질 것이라는 가정 아래 출발하고, 경우에 따라 단계적으로 그것의 비합리성을 확인한다. 이것은 해석자의 자비가 아니라 방법론적 당위이다."

이 부족이 갖고 있는 논리 체계를 확인하기 위해선 우선 이들의 일관된 태도를 확인해야 한다. 즉 문재인 대통령이 《82년생 김지영》을 선물받고 김정숙 여사가 읽었다는 것에는 분노하지 않다가 수영과 아이린에게 분노하는 비일관성보단, 아이린의 독서에 대한 생각과 표현의 자유를 인정하지 않으면서도 보이그룹 엠블랙 출신 지오가 장애인 비하 등으로 유명한 BJ 철구를 좋아하고 또 이를 존중해달라고 하는 것에 침묵하는 비일관성보단, 여성 아이돌이 주체적인 자기 생각을 드러낼 때마다 분노하는 일관성의 맥락을 합리적으로 재구성해봐야 한다.

한국 남성 부족은 걸그룹 멤버가 성평등적인 관점에 접근하고 자기 생각을 주체적으로 발언하는 것이 잘못되었다고 생각한다. 앞서의 책에서 하버마스는 "(원시 부족의) 도덕성과 진리 같은 타당성 개념들은 (중략) 경험적 질서 개념과 혼합되어 있다"고 말한다. 한국 남성들이 아이린과 손나은이 잘못했다고 믿는 건 그들이 경험하고 공유해온 어떤 질서를 아이린과 손나은이 위반했다고 보기 때문이다. 그것은 걸그룹이 성적으로 객체화되고 상품화된 존재여야 한다는 경험적 질서다. 그들에게 걸그룹은 노출을 하거나 섹시댄스를 추거나 유아적인 복장을 하거나 애교 자판기 역할을 하는 존재다. 또한 꽤 오랜 시간 실제로 그러했기에 한국 남성 부족은 이것을 서로 합의된 규칙으로 받아들였다. 여기에 기획사들이 일조했다는 사실은 변명의 여지가 없다. 한국 남성 부족의 내적 논리에 따르면 아이린은 기존의 신사협정을 위반한 것이다. 근대 이후의 상호주관적인 타당성 주장과는 거리가 먼 논리지만 어쨌든 이들에게도 논리는 있다.

그렇다면 이들 부족을 현대사회의 구성원으로 받아들일 수 있을까. 다시 말해 그들은 현대 시민사회가 원하는 수준으로 계몽될 정도의 능력을 지녔는가. 다시 하버마스를 인용하면 "인지적 도구적 영역에서 근거 있는 생각을 피력하고 효율적으로 행동하는 사람을 합리적이라고 할 수 있지만, 실패로부터 — 가설의 반박과 개입의 좌절로부터 — 배우는 능력과 결합되지 않을 경우 그 합리성은 우연적인 것에 불과하다". 아이린과 수영은 여성을 객체로 보는 한국 남성 부족의 믿음에 직접적으로 균열을 냈다. 기존의 믿음은 가상적인 질서였다. 여기까지 인식할 수 있다면 그동안 기획사와 자신들 간에 합의됐다고 생각했던 규칙은 시장 논리 안에서만 잠시 통용됐을 뿐 도덕적으로 타당하진 않으며 그렇기에 변화할 수 있다는 인식에도 이를 수 있다. 또한 자신들이 아이린을 도덕적으로 비난하려면 공동체적인 규범을 전제해야 하며, 그걸 전제하는 순간 걸그룹 멤버도 공동체 구성원으로서 주체적으로 말하고 행동하는 게 당연하다는 걸 깨달아야 한다. 즉 자신의 내부 모순을 인식하고 고쳐야 한다. 이것이 이들 부족을 현대사회의 구성원으로 받아들일 수 있는 근거다. 그럼에도 이를 거부하거나, 혹은 여전히 이해하지 못한다면 결국 현대 문명에 놀라지 않을 자기들만의 정글에 모여 부족의 순수성을 지키도록 할 수밖에. 요즘 논란이 되는 '펜스 룰'이 이런 형태라면 아주 나쁜 것만은 아니겠다. 20180223

+ 혹자는 한국 남성들의 부족한 젠더 감수성을 놀리기보단 잘 설득해야 한다고 말한다. 중요한 이야기다. 하지만 설득이란 결국 상대가 틀렸다는 것을 인식시키는 과정을 동반한다. 그리고 한국 남성이라는 부족은 그것을 말할 때마다 불 같이 분노하며 귀를 닫기 일쑤였다. 아무리 여성학자들이 차분히 논거를 대며 군 가산점제 문제를 지적해도, '유명 여성학자가 토론 프로그램에 출연해 군인은 집 지키는 개라고 했다더라'는 도시 괴담이 떠돌던 게 2000년대 초반이다. 여성을 증오하고 한 줌의 기득권이라도 빼앗기면 억울해서 잠을 이루지 못하는 이들에게 우선 필요한 건, 다정한 설득이 아니라 그런 야만의 시대는 끝났다는 것을 어떻게든 인식시키는 것 아닐까.

자기 기분이 상하지 않을 만큼의 설득을 요구하는 건 언제나 권력을 쥔 쪽이다. 여기서 설득과 조롱의 이분법은 지워진다. 젠더 권력을 바탕으로 설득을 요구하는 쪽을 설득하기 위해 가장 먼저 필요한 건 그들의 권력을 상상의 영역에서부터라도 해체하는 것이다. 남성들이 설득될 때가지 성평등의 미래를 미루기보단, 그 미래는 이미 도래하고 있으며 여기에 올라타지 않는 너희가 도태되는 거라고 말해주는 것. 그렇게라도 말해주는 것이 그냥 도태될 원시 부족으로 놔두는 것보단 휴머니즘적이지 않을까.

수지의 용기
그리고
변명 뒤에 숨은 남자들

용기에 대한 이야기부터 하겠다.

가수 수지는 촬영을 빙자한 스튜디오 안 성추행을 고발한 유튜버 양예원을 응원하며, 가해자에 대한 처벌 청원에 동참했다는 것을 SNS를 통해 밝혔다(다만 해당 청원에서 가해자로 지목된 스튜디오는 현재 가해 사실과 전혀 무관한 이들이 인수한 것으로 알려져 있다). 그는 해당 사건의 수사 결과가 아직 나오지 않았다는 것을 인정하되 그럼에도 "그 '여자사람'에게만큼은, 그 용기 있는 고백에라도 힘을 보태주고 싶었다"며 "저렇게 지나가게는 두고 싶지 않았다"고 자신이 동참할 수밖에 없는 이유 역시 설명했다. 이후 해당 스튜디오의 무죄가 밝혀질 경우 수지를 처벌해달라거나 심지어 사형을 요청하는 청와대 청원이 올라왔다는 것을 결과론일 뿐이라 차치하더라도, 수지의 행동이 굉장한 용기를 동반했다는 것을 부정할 순 없다. 여성 아이돌이 'Girls can do anything'이라고 적힌 휴대전화 케이스 사진을 SNS에 올리거나 베스트셀러 《82년생 김지영》을 읽었다고 밝힌 것만으로 온갖 사이버 불링이 쏟아지는 사회에서, 역시 여성 연예인인 수지가 구체적인 사안에 대해 여성 피해자의 입장을 옹호하고 가해자의 처벌에 힘을 보태는 건 후폭풍에 대한 두려움을 넘어서야만 가능한 것이다.

수지의 용기에 대해 또한 그의 게시물에 동의를 표시한 여성 연예인들의 용기에 대해 상찬하는 것만으로도 가치 있는 일이다. 하지만 이 글은 용기에 대한 이야기는 아니다. 대신 어떤 남성들의 비겁함에 대해 이야기할 것이다. 최근 틴탑의 니엘, 하이라이트의 윤두준, FT아일랜드의 이홍기는 인터넷 BJ인 보겸과 철구의 방송을 시청했다는 것이 알려져 논란이 됐다. 보겸은 데이트 폭력 가해자로 알려져 있으며, 철구는 여성혐오부터 광주 항쟁 비하, 기초수급자 비하 등 '일베'가 사람이 된 듯한 BJ다. 물론 해명이 뒤따랐다. 지난해 보겸의 방송에서 친분을 과시했던 니엘은 "앨범 프로모션 차 방송을 하면서 알게 되었다"는 정도로 선을 그었고, 윤두준 역시 "〈원피스〉에 대한 분석 글과 〈오버워치〉를 좋아하다 관련 영상을 몇 번 본 게 전부"라고 해명했다. 철구의 방송을 보고 별풍선(해당 플랫폼의 사이버머니)까지 쏜 것으로 알려진 이홍기는 "니들이 지금 '극혐'하는 그런 짓을 할 때 본 거 아니"라고, 훨씬 짜증스럽긴 했지만 역시 선을 그었다. 철구가 방송에서 숨 쉬듯 혐오 표현을 쓰고, 그에 비할 바는 아니지만 보겸 역시 〈원피스〉 관련 방송 중 여성 캐릭터를 성적으로 희화화한다는 점을 고려하면 이들 남자 아이돌의 해명을 곧이곧대로 받아들이긴 어렵다. 하지만 콘텐츠 중 혐오 표현이 있는 정도가 아니라 혐오 정서 자체를 콘텐츠로 구현한 철구 방송을 보면서도 "그런 짓을 할 때 본 거 아니"라는 이홍기의 말을 진실로 믿어주더라도, 여기엔 해당 BJ들에 대한 도덕적 입장이 놀라울 정도로 생략돼 있다.

팬들의 우려에 대해 감히 자신을 의심하지 말라며 억울함만 내세우는 이홍기의 대응은 철구의 폭력성과 상징성을 고려했을 때 이미 무책임하다. 게다가 "니들이 '극혐'하는 거"를 보지 않았다고 강조할 뿐, 본인 역시 철구의 그런 발언들을 '극혐'한다고는 말하지 않는다는 점에서 어딘가 이상하다. 니엘도 윤두준을 끌어들인 것에 대해서만 사과할 뿐 보겸의 데이트 폭력 문제와 콘텐츠의 성격에 대해서는 함구했다. 그나마 윤두준은 "어떤 점에 대해 염려하시는지 잘 알고 있다. 앞으로 더 신중히 행동하겠다"고 어느 정도 반성하는 태도를 취했다는 점에서 이홍기와 동일선상에 놓을 수는 없지만, 보겸의 콘텐츠에 대한 윤리적 입장은 최대한 자제한다. 즉 그들 해명의 진정성을 100% 받아들인다면, 그들은 해당 BJ들을 구독하고 좋아하는 게 왜 문제가 되는지 알고 그렇기에 선을 그어야 한다는 것도 알고 있지만, 보겸과 철구의 말과 행동은 잘못되었고 자신은 거기에 동의하지 않는다는 발언은 끝끝내 유보하는 셈이다.

비겁하다. 그들은 더 나아가지 못한 게 아니라, 안전한 거리를 잰 것이다. 자신의 결백을 증명하되 인기 BJ와 그들의 팬덤과 척지지 않을 정도의 거리. 모든 책임으로부터 회피할 수 있는 거리. 물론 사람은 누구나 두려움 앞에서 비겁해질 수 있다. 문제는 이 안전한 거리가 남성 연예인에게만 꾸준하게 허용되어 온 권력에 가깝다는 것이다. 여성 연예인은 여성이 인간이라는 것에 동의만 해도 '남혐'이 아니라는 것을 입증해야 하는 처지에 놓이지만, 남성 연예인은 비윤리적인 콘텐츠에 대한 동의처럼 보일 수 있는 행동을 하고도 자신은 몰랐다고만 하면 끝난다. 그들은 두려움을 극복하지 못한 게 아니라 그들에게만 허용된 안온한 자리를 누리고 있을 뿐이다.

앞서 수지의 용기에 대해 이야기했다. 이 대조는 단순히 빛나는 용기 앞에서 초라한 비겁을 더 선명히 드러내기 위해서만은 아니다. 거의 모든 도덕적 개선은 수지처럼 용기 있는 개인들의 행동에 상당 부분 빚지지만, 시민들에게 도덕적으로 요청할 수 있는 것은 초월적인 용기가 아니라 옳은 발언을 할 때 너무 큰 용기를 내지 않아도 되는 사회를 함께 구성해가는 것이다. 공적 연대란 힘의 집중이기도 하지만 부담의 분산이기도 하다. 니엘과 윤두준, 특히 이홍기의 비겁함을 수지의 용기와 함께 이야기할 수 있는 건 이 지점이다. 위협으로부터 안전할 만큼의 권력을 지닌 이들이 불의에 대해 침묵할수록 불의의 피해자인 사회적 약자의 발언엔 더 많은 용기와 부담이 요구된다.

좀 더 구체적으로 말하겠다. 여성혐오적 발언을 하거나 폭력을 행사한 BJ들의 방송을 보고 그에 대해 해명하면서도 끝끝내 그들의 폭력적 말과 행동은 잘못된 것이라고 발언하지 않는 남자들의 비겁한 침묵 때문에, 성추행 피해자에 대한 연대를 밝히는 지극히 상식적인 행동을 하는 여성들이 굳이 용기까지 내야 하는 것이다.

다시 말하지만 이 글은 용기에 대한 이야기가 아니다. 수지의 용기엔 박수를 보내야 마땅하지만, 이 정도의 상식적인 발언에 비난을 감수하고 용기를 내야 하는 사회는 이미 정상이 아니다. 그렇다면 비정상적인 사회에서의 용기를 칭송하기보다는 비정상적인 사회를 공고히 하는 요소를 경멸하고 개선해야 한다. 그중 대표적인 것이 바로 남성들의 비겁함이다. 지난해 가구 회사 한샘의 직장 내 성폭력을 다룬 SBS 〈그것이 알고 싶다〉 말미 유재석을 비롯한 남자 연예인과 정치인 들이 성폭력 피해에 대해 침묵하지 않겠다고 선언했지만, 이후 각계각층에서 벌어진 미투 운동과 성폭력 피해 사실 앞에서 그들 중 다수는 놀라울 정도로 침묵했다. 그나마 나서서 다짐이라도 했으니 안 한 남성들보단 낫다고 할 수 있을까. 그들의 선의와는 상관없이 공적 연대에 대한 신뢰를 깨뜨렸다는 점에서 그렇게 보기도 어렵다. 안전한 거리에서만 유지되는 남자들의 선의와 다짐은 믿을 게 못 된다는 경험적 사실 앞에서 여성들에겐 생존과 실존을 위한 더 많은 용기가 요구된다. 누군가 더 많은 용기를 내야 하는 것 자체가 불평등이라는 것을 이해하지 못한다면, 이러한 용기에 대한 감탄은 또 다른 기만일 뿐이다. 20180525

+ 단지 침묵했다는 이유만으로 여기 언급된 남자 연예인들을 비판적으로 언급하는 것은 과도하지 않느냐는 반론이 있었다. 나 역시 고민했던 부분이다. 나의 논변은 이렇다. 침묵과 회피 자체가 부도덕함은 아닐지언정, 그러한 회피를 통해 불의의 피해자들의 고백엔 더 많은 용기와 부담의 무게가 얹어진다는 것. 남성이라는 생득적인 이유로 더 안전한 곳에 서서 안온함을 누리고 있는 사람들이 이런 불균형을 알고서도 부담의 연대를 거부한다면, 적어도 평등과 공정이라는 맥락에서 비판적으로 검토해볼 수 있지 않을까. 즉 공정에 근거한 일종의 분배 정의처럼 사회적 책임의 분담에 대해서도 이야기해볼 수 있지 않을까.

흔히 비겁함을 단순히 사적인 양심이나 무관심의 문제로만 보지만, 그것을 사회적 책임의 분담이라는 관점에서 보면 얼마든지 공적인 문제로 접근할 수 있다. 물론 그들에게 발언을 강제할 수는 없다. 다만 그것이 비겁함을 부끄러워하지 않아도 된다는 뜻일 수는 없다.

그 남자들은 페미니스트 시장 후보 벽보에 왜 그렇게 분노했을까

시건방지다: 시큰둥하게 건방지다.

6·13 지방선거에서 '페미니스트 시장'을 전면에 내세운 녹색당 신지예 서울시장 후보의 벽보에 대해 최근 한 유명 남성 인권 변호사는 "개시건방진" 사진이라며 "나도 찢어버리고 싶은 벽보"라고 자신의 SNS에 발언했다. 발언이 문제가 되자 곧 "사진 구도와 벽보의 분위기에 대한 비평"이었을 뿐 후보에 대한 공격은 아니었노라 딱히 이해되지 않는 해명을 하긴 했지만, 해당 벽보에서 비슷한 느낌을 받은 사람들은 그 하나만이 아니었던 듯하다. 변호사 스스로 "나도" 찢고 싶다고 말했듯, 이미 서울 곳곳에서 신지예 후보의 선거 벽보를 감싸는 비닐이 찢어지고 벽보가 사라지고 담뱃불로 눈

부위를 지지는 등 훼손 사례가 22건에 달하고 있다.

국정농단 주역 정당의 후보도 아닌 군소 정당 후보에게 그들은 왜 그토록 예민하게 반응하는 걸까. 그들이 느낀 것 역시 그 인권 변호사와 크게 다를 게 없다면, 과연 신지예 후보의 사진 중 무엇이 그토록 시건방진 느낌으로 다가왔던 것일까. 가운데 손가락을 세운 것도 아니고 혀를 내밀어 조롱한 것도 아닌 이 사진의 어떤 도상 기호가 그러한 의미로 해석될 수 있었을까. 당장 벽보에 '시건방진 시장 후보'라는 슬로건이 적혀 있더라도 훼손의 근거가 될 수는 없다는 것을 차치한다면, 이것은 여성 이미지의 의미와 해석, 소비라는 점에서 흥미로운 사례다.

물론 신지예 후보에게 시건방지다는 표현을 쓴 변호사는 꽃뱀을 알아볼 능력이 있다던 전직 변호사에게도 시건방지다는 표현을 썼다. 일종의 말버릇이란 건 참작하자. 그럼에도 그가 "계몽주의 모더니즘 삘"이라는 표현을 더해 무언가 자신이 하대받는 느낌을 받은 것은 확실해보인다. 신지예 후보의 안경으로부터 〈민족개조론〉을 쓴 춘원 이광수를 유추한 것일까? 과잉 해석이다. 안경은 박원순, 김문수 후보도 꼈다. 강렬한 눈빛과 직시하는 시선? 그럴지도 모르지만 눈빛은 다분히 주관적인 개념이다. 오히려 눈빛의 의미는 나머지 표정들이 만들어내는 시각 기호들을 통해 사후적으로 재구성되는 것에 가깝다.

신지예 후보 사진에서 다른 후보들과 가장 차별화되는 것은 다문 입과 한쪽 입매 끝이 살짝 올라간 미소다(살짝 측면으로 돌아선 구도라 오른쪽 입매만 도드라진다). 서울시장 후보, 서울시교육감 후보 그리고 동네 구의원 후보 벽보를 모두 살펴본 결과 흥미로운 사실을 발견할 수 있었는데, 신지예 후보를 제외하면 웃는 얼굴은 모두 이까지 환하게 드러난 웃음을 짓고, 입을 다물었을 땐 무표정하게 다른 곳을 응시한다는 점이다. 서울시장 후보인 박원순, 안철수, 김진숙이 전자이고 김종민, 최태현이 후자다. 입을 다물고 실룩 웃는 건 신지예 후보뿐이다. 그렇다면 이것을 상대를 하대하는 비웃음으로 해석할 수 있을까. 아니, 누군가는 그렇게 이해했다고 받아들일 수 있을까. 아직 이 가설엔 보완이 필요하다.

미술사학자인 에르빈 파노프스키는 논문 〈조형 예술 작품의 기술과 내용 해석〉에서 작품의 "주제 의미를 발견하는 일에서 오류를 피하기 위한 보완책으로서 유형사적 지식이 요구된다"고 말한 바 있다. 가령 칼을 든 살로메의 그림 유형은 단 한 번도 없었지만 접시에 적장의 목을 담은 유디트의 유형은 (비록 그것이 문헌과 어긋나더라도) 상당히 자주 등장했다는 유형사적 지식을 통해, 우리는 프란체스코 마페이의 그림 속 칼을 들고 접시에 한 남성의 목을 담은 정체불명의 여성이 살로메가 아닌 유디트라는 것을 유추할 수 있다. 그렇다면 신지예 후보의 이를 드러내지 않는 미소가 시건방진 여성을 의미한다고 유추할 만한 유형사적 사례가 있을까.

한국 대중문화에서 시건방지다는 것이 공식 키워드가 된 케이스가 있다. 바로 브라운아이드걸스(이하 브아걸)의 곡 〈아브라카다브라〉의 공식 안무인 '시건방춤'이다. 넓게 보면 섹시 댄스의 범주에 속할 만한 춤이지만, 네 명의 여성이 무표정에 가까운 미소로(소위 '썩소'가 춤의 주요 포인트였다) 팔짱을 끼고 골반을 흔드는 것에 대해 사람들은 '시건방춤'이라는 이름을 붙였다. 중요한 건 노출이 아닌 무표정하고 심드렁한 태도다. 다시 앞서 말한 '시건방지다'의 사전적 의미를 보자. 시큰둥하고 건방지다. 이 중 '시큰둥하다'는 두 가지의 의미로 구분된다. 1) 말이나 행동이 주제넘고 건방지다, 2) 달갑지 아니하거나 못마땅하여 시들하다. 시건방지다는 표현에 어울리는 건 전자지만, 시큰둥하다는 표현을 쓸 땐 보통 후자의 의미다.

하지만 브아걸의 사례에서 '시큰둥하다'의 두 가지 의미는 하나로 겹쳐진다. 남들은 다 웃어주거나 호감을 사려 노력하는 상황에서 젊은 여성이 '달갑지 아니하거나 못마땅'한 태도를 취할 때 한국 사회는 '주제넘고 건방지다'고 받아들인다. 그렇다면 젊은 여성 정치인이 남들처럼 해맑게 웃지 않고 입매만 살짝 올려 웃는 것에 대해서도 같은 반응을 보일 수 있지 않을까.

하지만 브아걸의 춤에 분노하는 남성들은 없었다. 다시 말해 브아걸도 신지예도 주체적이고 만만치 않은 여성의 이미지를 의도하더라도 어떤 남성들에게 그것의 최종 느낌은 다르게 다가왔다. 위의 논문에서 파노프스키는 회화가 작가의 의도를 넘어 최종적으로 드러내는 세계관적 에너지를 해석하기 위해선 당대의 정신사로 보완할 필요가 있다고 했다. 페미니스트 시장을 슬로건으로 내건 신지예의 경우엔 당연히 페미니즘이다. 브아걸이 시건방진 여성의 이미지로 결국 "널 내가 내가 갖겠어"라며 얼핏 역전된 듯 보이지만 사실 남성의 이성애 판타지를 만족시킨다면, 페미니즘을 내세우는 신지예는 시건방진 여성이란 신체 이미지로 남성 중심적인 사회를 종식시키겠다는 메시지를 드러낸 셈이다.

이렇게 보면 그 남성 변호사의 해석은 틀리지 않았다. 오히려 누구보다 예민하고 직관적으로 자신들의 세계에 대한 위협을 읽어냈다. 단지 반응이 옹졸했다. 신지예의 눈빛과 사진 구도로부터 계몽주의를 읽어냈던 남성 변호사와, 페미니스트들이 책 읽고 공부하라고 말해서 싫다고 징징대는 남성들이 다를 게 뭔가. 그들은 신지예 후보의 벽보가 드러내는 페미니즘이라는 시대정신 앞에서 자신들이 시대의 물결에 떠내려가야 할 존재임을 직감했을 뿐이다.

스스로 더 시건방진 후보가 되겠다고 선언한 신지예의 반응은 그래서 빛난다. 자신은 시건방진 게 아니라고 말하는 대신 사회가 시건방진 여성을 받아들여야 한다고 말하는 그는 자신의 벽보 이미지가 가진 파괴력을 배반하지 않는다. 대신 시건방지다는 표현을 재전유하며 만만치 않은 여성, 도전적인 여성, 위협적인 여성, 구시대를 종식시킬 여성의 자리를 계속해서 갱신하고 있다. 하이데거가 말한 회화의 알레테이아, 즉 탈은폐로서의 진리는 이런 식으로 드러난다. 남성의 시선에서 그려졌던 대상화된 여성 이미지에서 벗어난 신지예 후보의 무표정에 가까운 미소와 직시하는 눈빛은 그동안 사회가 은폐하고 배제했던 여성이 가진 역능, 기존의 세상을 근본적으로 뒤집을 힘을 드러낸다. 이 진리는 분명 어떤 남성들에겐 견디기 어려운 것이리라. 하지만 그들이 격하게 반발할수록 그 진리성이 증명될 뿐이다. 20180608

+ 조금은 장난스럽게 에르빈 파노프스키의 도상해석학을 인용해 신지예 후보의 벽보에 담긴 의미를 분석하고 그걸 보고 부들대던 남성들을 놀려준 글이지만, 그 유희 끝에 이른 결론은 진실에 가깝다고 생각한다. 즉 그 벽보에 이상하리만치 분노했던 이들이야말로 사실 그 도상으로부터 위기감을 직감했다는 것. 사실 나는 남성들이 젠더 이슈에 둔감하다는 것을 믿지 않는다. 그들이 정말로 둔하다면 오히려 페미니즘 운동을 보면서도 콧방귀를 뀌며 자신들의 천년 왕국을 그리고 있으리라.

하지만 그들은 젠더 이슈가 권력의 문제라는 것을 체화하고 있으며, 그렇기 때문에 그 권력에 대한 도전에 민감하게 반응한다. 한국 남성들이 여성혐오를 유희로 즐길 자유, 불법 촬영물을 즐길 자유, 일상적 성희롱을 할 자유를 지키기 위해 백래시에 적극적으로 동참하는 것은 그것을 가능하게 했던 것이 도덕적 당위가 아닌 젠더 권력 때문이란 것을 누구보다 잘 이해하고 있기 때문이다. 그렇기에 한국 남성들에 대한 도덕적 설득 혹은 설복도 중요하지만, 우선 본인에게만 좋던 과거는 끝나가고 있다는 것을 인식시키고 체념시키는 것이 먼저다. 그들이 버티는 건, 단순히 본인들의 주장이 옳다고 믿어서가 아니라 본인들이 주장하는 게 옳은 것이 될 수 있던 시대를 살아와서다.

지하철 페미니즘 광고는 시민의 권리다

영화 〈쓰리 빌보드〉는 끔찍한 범죄로 딸을 잃은 밀드레드(프랜시스 맥도먼드)가 마을 초입의 거대 간판에 경찰의 안일한 대응을 비난하는 광고를 올리면서 시작된다. 영화에서 이 광고가 실제로 수사에 긍정적인 효과를 미쳤는지는 의문이다. 경찰 입장에선 욕을 먹어도 새로운 증거가 없으니 수사에 진척이 없긴 마찬가지고, 광고 문구 때문에 마을 분위기만 흉흉해진다. 하지만 밀드레드는 꿋꿋하다. 그것이 당장 효과가 있든 없든, 매체를 통해서 목소리를 내지 않는다면 피해자의 존재와 끔찍했던 기억은 일상이라는 이름 아래 잊히길 강요당한다. 밀드레드의 싸움은 범죄와의 싸움인 동시에 무관심과의 싸움이다.

하지만 한국에서 〈쓰리 빌보드〉처럼 존재의 가시화, 입장의 가시화를 위해 광고판을 사용하는 일은 벌어질 수 없다. 얼마 전 서울교통공사는 지하철 광고에 더는 성, 정치, 이념을 다룬 '의견 광고'는 게재하지 않겠다는 방침을 발표했다. 서울교통공사 김태호 사장은 본인의 SNS를 통해 "지하철은 논쟁의 공간이 아니"라고 일축하기도 했다. 지난 5월 숙명여대생들이 축제 기간 동안 여성에 대한 무례함과 불법 촬영에 대한 반대 내용을 담은 광고를 학교 앞 지하철역에 게재하길 원했지만 서울교통공사는 불허한 바 있다. 논란이 되자 결국 어렵게 게재되었지만 이 역시 계약 기간이 끝나는 9월 이후엔 내릴 예정이다. 한국여성민우회 등이 해당 결정을 페미니즘 광고 불허라는 맥락에서 반발하는 것은 그 때문이다. 물론 '의견 광고'에는 페미니즘 광고뿐 아니라 문재인 대통령 생일 축하 광고 같은 것들도 포함된다. 과연 그런 식의 정치적 의견 게재 자체를 막는 것이 정당한 것이냐는 기본적인 질문과는 별개로, 현직 대통령 지지자들과 비교해 여성들은 자신들이 겪는 피해나 차별을 가시화할 의사소통 자원이 절대적으로 부족하다는 점에서 페미니즘 광고 불허는 정치적으로 불공정하다. 안티 페미니즘과 여성혐오는 굳이 '의견 광고'의 형태가 아닌 단순 상업 광고의 형태로도 자신들의 메시지를 전달할 수 있기 때문이다. 다음은 직접 서울의 유동인구가 많은 몇 개 역에서 확인한 광고들이다.

게임 '프리스타일 2' 광고
: 2, 6호선 합정역 스크린도어

걸그룹 모모랜드 멤버 연우가 모델인 이 광고의 문구는 "연우랑! 우리 농구하자"다. 당연히 걸그룹 멤버도 농구를 할 수 있다. 하지만 해당 광고 속 연우는 농구 플레이어의 모습이 아닌 손으로 얼굴을 받치는 애교 포즈로 등장하며, 광고물 하단에는 작은 글씨로 "연우 캐릭터를 구매하신 유저들 중 추첨을 통해 진짜 연우와 만날 기회를 드립니다"라고 적혀 있다. 여기서 걸그룹 멤버는 실제로 함께 농구를 하고 땀을 흘리는 동료나 게임 라이벌 같은 동등한 대상이 아닌, 남성 유저를 위한 트로피 역할로 물러날 뿐이다. 여성은 이렇게 쉽게 대상화되고 주변화된다. 그에 반해 옆 스크린도어의 '드래곤네스트 M' 광고에서는 배우 이종석이 자줏빛 배경에서 신비한 판타지적 존재로 연출된다. 구체적인 문구가 적히지 않았지만 이 남녀 이미지 대비는 각 성별 역할에 대한 고정관념을 재생산 및 강화한다. 하지만 '여성에게도 운동장을, 코트를, 농구공과 축구공을 허하라'라는 요청은 지금으로선 지하철에 실릴 수 없다.

롯데월드 삼바 카니발 광고
: 2호선 홍대역 스크린도어

위의 게임 광고가 그나마 우회적으로 여성을 대상화한다면 롯데월드 삼바 카니발 30주년 광고의 이미지는 너무 노골적이라 서울교통공사의 심의라는 것에 대해 의구심을 갖도록 한다. '삼바 잘하는 집- 30년 전통의 롯데월드'라는 식당 간판과 함께 식탁에 앉아 입이 찢어져라 웃는 '한국 남성'의 주위를 헐벗은 삼바 복장의 외국인 여성들 다섯 명이 둘러싸고 있다. 맛집이라는 비유 안에서 롯데월드의 삼바 카니발과 여성 무용수들은 명백히 한국 남성들의 눈요기로서만 존재한다. 광고 구석 '삼바 맛집 리얼 후기'에는 "삼바를 만나고 병이 나았어요"라는 문구가 적혀 있다. 과거 MBC 〈가족 버라이어티 꽃다발〉에서 '징거 타임'이라며 걸그룹 시크릿 징거의 섹시 댄스 타임을 마치 고정 코너처럼 활용해 MC 정형돈을 비롯한 중년 남성 출연자들이 "앓던 소도 일으킨다는 징거 타임"이라며 환호하던 역겨운 장면과 무엇이 다른가? 어린 여성에 대해 '보약' 따위의 표현을 쓰는 한국에서 과연 이 삼바 카니발 광고는 정말로 성과 정치, 이념과 무관한 광고일 수 있는가?

중매 회사 듀오 광고
: 지하철 2호선 내부

한국에서 페미니즘에 대한 반대 의견 광고가 필요 없는 이유는, 이미 그것이 체제의 일부가 되었기 때문이다. 가령 가부장제에 대한 반발과 여성 스스로의 주체적 삶을 주장하기 위해선 '의견'으로서의 비혼 선언이 필요하지만, 그 반대로서의 선언은 필요하지 않다. 이미 남녀 간 결혼이라는 것이 다른 선택이 불가한 제도로서 존재하는 사회에선 "결혼 인연, 만나게 해 듀오"라는 광고 문구만으로도 얼마든지 결혼에 대한 압박을 강화할 수 있다. 기혼 인구가 기득권인지는 알 수 없지만, 기혼을 강요하는 이들은 기득권이 맞다. 진짜 기득권은 결코 압제자의 얼굴을 할 필요가 없다. 단지 자신들의 입장을 보편적인 것으로 올려놓으면 그만이다.

93년생 이진욱 광고
: 1, 2호선 시청역

하여 보편은 남성의 얼굴을 한다. 이미 지난 4월 발표 후 논란이 되었던, 서울시에서 만든 청년 취업 복지 정책 광고의 주인공은 남성인 93년생 이진욱으로 설정되어 있다. 조남주 작가의 소설 《82년생 김지영》에 대한 패러디라 할 수 있는 이 정책 광고는 이미 결혼, 출산, 육아 복지 정책의 주인공으로 82년생 김지영을 활용해 여성의 성 역할을 고정시킨다는 비판을 받기도 했다. 하지만 문제는 그뿐 아니다. 광고 속 82년생 김지영에겐 소위 애 낳고 육아하는 고정적 역할이 부여된 반면, 93년생 이진욱은 20대 청년 세대 전체를 대변한다. 한 세대의 보편적 얼굴을 남성이 차지한다.

드림성형외과 광고
: 3, 7, 9호선 고속터미널역

여성이 보편적 얼굴을 맡는 건 성형 산업뿐이다. 3호선 압구정

역, 신사역에서 질리도록 찾아볼 수 있는 성형외과 광고의 모델은 거의 모두 여성이다. 고속터미널역에 있는 드림성형외과 광고도 그중 하나인데 "알 만한 그, 그녀들이 찾는 이곳"이라는 광고 문구와 달리 사진 모델은 '그녀'뿐이다. 이들 광고는 이중적 의미로 불의한데, 여성에게 어떤 고정된 미적 기준을 강요한다는 점에서 문제적인 동시에 마치 이것이 여성들의 주체적인 선택인 것처럼 꾸민다는 점에서 기만적이다. 자신이 원해서 성형을 하는 여성들이 없다는 뜻이 아니다. 그 바깥쪽의 선택지를 허락하지 않는 상태에서의 선택이란 기만일 뿐이다. 같은 역에선 안전한 화장품을 모토로 한 한국콜마 광고 역시 볼 수 있는데, 몸에 안전한 화장품이라는 것은 분명 중요한 미덕이지만, 화장을 안 해도 될 자유는 지하철 광고판에서 볼 수 없다. 최근 화제가 된 '탈코르셋' 운동을 예로 들자면, 과연 성형하지 않고 화장하지 않는 이의 선택지는 이들 광고판 어디에 자리를 잡을 수 있을까.

정치철학자인 벤자민 바버는 신자유주의 시대의 자유가 "한 종류의 음식에 곁들여 나오는 양념 소스를 선택하는 자유와 닮아가고 있는 것"이라고 비꼰 바 있다. 이것은 길지 않은 시간 동안 서울의 몇몇 지하철역에서 확인한 광고를 보면서도 든 생각이다. 저 수많은 상업 광고가 특정 성에게 특정한 역할만을 강요하면서 마치 다양한 삶의 방식을 선택해서 소비할 수 있는 것처럼 군다는 것은 우스운 일이다.

하지만 그보다 더 우스운 건 이처럼 성, 정치, 이념에 대한 특정한 방향의 메시지가 지배적인 장에서 그에 반대하는 목소리를 성, 정치, 이념을 담았기에 게재할 수 없다고 말하는 서울교통공사다. 민주주의는 다양한 입장의 당사자들이 정치적 공론장 안에서 동등한 수준의 의사소통적 자원을 갖고 다퉈볼 수 있을 때 비로소 형식적 수준을 넘어설 수 있다. 김태호 사장은 지하철이 논쟁의 장이 아니라고 말했지만, 변화를 원하지 않는 기득권에겐 논쟁의 장이 필요 없다. 논쟁의 장이 필요한 건 언제나 당연하게 착취당하거나 배제당하는 이들이다. 논쟁의 장을 축소하는 것은 어떤 방식으로든 반동이다. 저토록 여성을 배제하고 주변화하는 지하철 광고의 담론장 안에서, 지하철 페미니즘 광고는 허락받을 사안이 아닌 요구해야 마땅한 시민의 권리다. 20180713

+ 직접 서울 시내 곳곳의 지하철역을 반나절 정도 돌아다니며 쓴 취재(?) 칼럼이다. 성형외과 광고를 비롯해 성 편파적인 광고들이 존재하리라 이미 예상했고 실제로 반나절 동안 위의 사례들을 확인할 수 있었다. 여성에 대한 성적 대상화, 성 역할 고정 등 이미 편파적으로 기울어진 성 정치적 이념들이 다양한 형식을 빌려 상업 광고 안에 녹아 있었다. 과연 정치적으로 중립적인 텍스트라는 게 존재할 수 있는지도 의문이지만 "모든 시대의 지배적인 사상은 언제나 지배

계급의 사상에 지나지 않았다"는 《공산당 선언》의 통찰처럼, 광고를 비롯한 대중문화 텍스트가 말하는 보편은 '남성 입장에서의 보편'인 경우가 대부분이다.

아마도 대중문화 텍스트 비평이란 이처럼 아무 문제없는 듯 천연덕스러운 얼굴을 한 텍스트들 사이의 결을 헤쳐 불균형과 불의를 드러내는 방식으로서나 어느 정도 실용적 가치가 증명될 것이다. 그래서 항상 의문이다. 세상을 불편하게 인식하지 않는 비평이란 존재할 수 있는가? 혹은 존재할 이유가 있는가?

탈코르셋 시대의 비슷한 듯 전혀 다른 두 작품, 〈여신강림〉과 〈화장 지워주는 남자〉

외모에 콤플렉스를 느끼는 여성 주인공이 등장한다. 그런 주인공이 신기에 가까운 메이크업 테크닉으로 얼굴을 꾸며 자신감을 얻는다. 타고난 예쁜 외모로 인기를 끌던 다른 여성이 주인공과 라이벌 구도를 형성한다.

현재 네이버에 연재 중인 웹툰 〈여신강림〉과 〈화장 지워주는 남자〉는 놀라울 정도로 비슷한 설정을 공유하고 있다. 〈여신강림〉의 주인공 임주경은 중학교 3학년 시절 호감을 느끼던 급식실 오빠가 학교 내 퀸카와 사귀는 것을 알고 자신의 외모를 저주하다가 메이크업 테크닉을 익힌 뒤 고등학교에서 새로운 인생을 즐기는 중이다. 〈화장 지워주는 남자〉의 김예슬은 '대학 가면 다 예뻐진다'는 말만 믿고 공부에 올인해 명문대에 입학하지만 정작 대학생이 된 후 왜 꾸밀 줄 모르느냐는 핀잔을 듣는다. 그에게 도움의 손길을 내미는 것은 천재 메이크업 아티스트인 천유성이다. 하지만 이 두 작품이 정말 놀라운 건 비슷한 소재와 설정의 출발점에서 서로 조금씩 방향을 달리 할 때 얼마나 다른 결과물이 나올 수 있는지 보여준다는 점이다. 결과적으로 〈여신강림〉이 여성에 대한 미적 강요를 재생산하는 백래시의 맥락 위에 있다면, 〈화장 지워주는 남자〉는 오히려 페미니즘 리부트 이후 여성 서사의 고민을 드러내는 듯하다.

당장 메이크업을 통한 자존감 회복이라는 설정만 봤을 때 〈여신강림〉과 〈화장 지워주는 남자〉 두 작품 모두에게 백래시의 혐의를 두기란 어렵지 않다. 수전 팔루디는 저서 《백래시》에서 "미용 산업은 여성들이 겪는 문제가 사회적 압력과는 무관한 순전히 개인적인 병폐일 뿐이며 이는 개별 여성이 자신의 육체를 바꿈으로써 보편적인 기준에 몸을 맞추는데 성공하기만 하면 치유 가능하다는 재현을 강화"한다고 비판한 바 있다. 외모지상주의 사회에서 여성이 외모를 꾸며 자신감을 느끼는 것이 실제로도 볼 수 있는 일종의 사실일 수는 있다. 하지만 그런 선택의 배경에 여성에 대한 외모 평가의 주체인 남성 권력이 깔려 있다는 것을 드러내지 않거나 외면한다면 해당 사실은 진실을 가린다. 두 만화가 가장 먼저 갈라지는 건 이 지점이다.

물론 〈화장 지워주는 남자〉에서 김예슬을 화장해준 뒤 "못생긴 게 뭐 긋는다고 달라지나"라고 뒷담화 하는 남자 메이크숍 직원이나, 민낯의 임주경을 보고 수군대는 남자들이나 개차반인 건 마찬가지다. 하지만 현실에서 여성에 대한 외모 평가는 좀 더 복잡한 양상을 띤다. 가령 〈화장 지워주는 남자〉에서 학교 여신으로 유명한 주희원은 남녀 모두 우러러보는 존재지만, 천재 메이크업 아티스트 천유성이 모델로서의 그를 거절했다는 소식이 퍼지자 바로 한 남학생은 "주희원도 슬슬 퇴물각 서는 거"라고 폄하한다. 작가는 더 직접적으로 덧붙인다. '희원은 알고 있다. 아름다움엔 권력이 따라붙는다는 걸. 물론 그 권력은 진정한 것이 아니고 결국 권력을 누가 부여하는지도 알고 있다.' 여성에 대한 남성의 외모 평가는 단순히 예쁘지 않다고 판단되는 여성을 배제하는 방식으로서가 아닌, 평가 행위 그 자체로서 권력을 행사한다. 이것이 핵심이다. 〈여신강림〉은 임주경이 메이크업으로 예뻐진 것만으로 만족할 만한 학교생활을 한다는 전제 아래 그가 민낯을 들키느냐 마느냐로 극의 긴장과 웃음을 이끌어내지만, 외모에 대한 차별적 호불호만을 문제 삼을 뿐 이를 지탱하는 젠더 권력의 기울기를 읽어내진 못한다.

여성의 외모 콤플렉스를 다루지만 그 콤플렉스를 강요하는 젠더 권력의 구조를 직시하지 못하면서 〈여신강림〉이 흔한 '여적여' 구도의 함정에 빠지는 건 필연으로 보인다. 이 작품에서 '여적여'는 인물만 바뀔 뿐 자주 반복된다. 임주경의 친구들은 교내 SNS 스타인 강수진의 너무 착 달라붙는 의상 사진을 보고 "관종"이라며 비난한다. 반대로 강수진은 거리를 걷다가 잘생긴 남자가 자신이 아닌 자기 옆의 임주경에게 번호를 따려 하자 겉으로는 "주경이 너 짱이당"이라 말해주며 속으로는 '여자 보는 수준하고는'이라고 폄하한다. 또 다시 한 번 반대로, 임주경 앞에서 자신의 브랜드 액세서리와 몸매를 과시하던 강수진은 자신의 초라한 과거를 아는 친구들에게 "이제 짝퉁이라도 사야겠나보지?"라는 뒷담화를 듣는다. 임주경에게 메이크업을 강요하고, 강수진에게 몸매 과시를 강요하고, 끝판왕처럼 보이는 강수진의 부자 친구들에게도 사실은 명품을 강요하는 그 권력의 배후를 성찰하지 않는 순간, 남는 것은 여성들끼리의 이전투구뿐이다.

정반대로 메이크업 리얼리티쇼에서 주희원의 라이벌이 된 김예슬이 그럼에도 주희원을 약물로 해코지하려는 남자로부터 구해주고 일종의 자매애를 형성하는 〈화장 지워주는 남자〉의 흐름 역시 우연은 아니다. 주희원도 김예슬도 젠더 권력 구조의 피해자일 수 있다는 걸 인식한 창작자가 둘의 라이벌 구도를 단순한 '여적여'로 그릴 수는 없다.

이처럼 비슷한 듯 전혀 다른 두 작품이 흔히 '탈코르셋'이라 불리는, 꾸밈에 대한 거부로서의 여성운동이 수행되는 시기에 등장했다는 건 흥미로운 우연이다. 꾸밈을 하지 않아도 되는 자유가 보장되지 않는다면 꾸밈을 하는 자유는 허구적 자유일 뿐이다. 전자를 확보하기 위한 '탈코르셋 운동'의 시기에 만화 속 마법 같은 메이크오버는 어떤 의미로든 반동적인 서사가 될 위험이 있다. 〈여신강림〉이 여성의 꾸밈 노동을 더 강화하고 여성의 자유를 억압할 의도로 만들어지진 않았을 것이다. 하지만 예뻐지고 인정받고 싶은 것을 개인의 동경으로 환원할 때, 실재하는 꾸밈의 '코르셋'은 실재한다는 그 이유만으로 당위성을 얻는다. 그것이 '코르셋'의 재생산이다. 작가가 강수진에게 부정적인 입장을 은연중 드러낼 때조차 그의 이미지는 별다른 반성적 맥락 없이 성적 대상화된 채로 소비된다.

〈화장 지워주는 남자〉가 '탈코르셋' 서사까진 아니어도 '코르셋'에 대한 유의미한 균열을 내는 건 이 지점이다. 김예슬은 천유성과의 전사 콘셉트 촬영에서 '강하고 섹시한 여전사 이미지'에 대해 "전사는 적이랑 싸우거나 사냥하라고 있는 건데 왜 섹시하기까지 해야 하지?"라고 반문한다. 대중문화에서 강하고 센 여성 캐릭터라고 소비되는 이미지의 이중성을 드러낸 셈이다. 김예슬이 직접 아이디어를 낸 '동물 같은 경계색'으로서의 콘셉트 메이크업이 당장 여성을 자유롭게 해주진 않을 것이다. 하지만 자신들에게 대항하는 강한 여전사의 이미지조차 자신들의 취향 안에서 구체화하는 남성 권력의 실체를 드러내고 국지적으로나마 전복시키려 한다는 점에서 〈화장 지워주는 남자〉는 '탈코르셋'의 문제의식에 진지하게 접근한다. 이 작품을 웹툰 시장 내에서 작지만 가시화되고 있는 페미니즘 리부트 이후 여성 서사로 볼 수 있는 건 그래서다.

백래시와 페미니즘 리부트. 동시대 안에 혼재되어 나타나지만 전혀 다른 정치적 입장이 웹툰이라는 동일한 형식으로 같은 플랫폼에서 비슷한 시기에 비슷한 소재로 등장했다는 건 특기해둘 만한 일이다. 〈화장 지워주는 남자〉는 개념 만화, 〈여신강림〉은 무개념 만화로 분류하자는 것이 아니다. 그런 구분은 논의를 납작하게 만들 뿐이다. 〈여신강림〉이 악의적인 여성혐오 정서를 드러내는 작품은 결코 아니다. 〈여신강림〉이 증명하는 것은, 동시대의 어떤 장면들을 소재 혹은 서사로 구체화할 때 이에 따른 반성을 소홀히 한 채 그대로 재현한다면 결과적으로 그 시대를 지배하는 선입관을 고스란히 작품 안에 녹여내게 된다는 것이다. 작품 맥락과 전혀 상관없이 여성 블로거들이 스테레오타입화 된 이미지로 등장해 식당에서 갑질을 하려 하는 장면을 보라. 이런 사람들도 있긴 하니까, 블로거에 대해 다들 이렇게 생각하니까, 라는 안일한 접근 안에서 실재하는 혐오는 반복될 뿐이다.

다시 말해 〈여신강림〉과 〈화장 지워주는 남자〉는 처음부터 페미니즘 혹은 안티 페미니즘의 입장에서 출발한다기보다는, 동시대의 비슷한 장면들에 대해 반성적으로 접근하느냐 하지 않느냐를 통해 전혀 다른 윤리적 입장과 깊이를 갖게 됐다고 볼 수 있다. 작가의 성실한 직업 윤리는 이처럼 작품의 정치적 윤리까지로 이어진다. 올바른 작품이 더 잘 만든 작품이다. 20180823

+ 웹툰이라는 미디어의 강점 중 하나는 동시대 10대와 20대에 대한 핍진한 묘사다. 〈복학왕〉의 기안84, 〈연애혁명〉의 232 등 많은 웹툰 작가들은 서사적인 개연성과는 별개로 동시대 청춘들의 욕망과 미시적 삶의 모습을 리얼하게 그려내며 많은 공감을 얻어낸다. 개그 만화로서의 과장이 동반되긴 하지만 〈여신강림〉 역시 SNS 시대의 루키즘과 소위 '인싸' 문화가 상당히 잘 반영된 작품이라고 볼 수 있다.

하지만 이러한 웹툰 특유의 핍진성은 (기안84에게서 특히 잘 드러나듯) 묘사된 현실에 대한 반성적 전유를 거치지 않을 때 자칫 세상의 통념들을 재생산하는 데 그치게 된다. 현실에 일진이 있으니 일진이 나오고, 현실에 폭력이 있으니 폭력이 나오며, 현실에 여성혐오가 있으니 여성혐오가 나온다. 많은 경우 핍진성과 재현의 윤리 사이에 반목이 생기는 건 그래서다. 하지만 이것을 동시대를 반영하는 작품과 정치적 올바름을 추구하는 작품이라는 이분법으로 나누는 것은 잘못일 것이다.

창작에 있어 동시대에 대한 민감성이란, 단순히 지금 이곳의 풍경을 담아내는 것이 아니라 그 안에 숨어있는 여러 구조적 모순과 부조리까지 인식하는 능력이다. 즉 현실을 더 온전히 담아내기 위해서라도 현실의 이면에 작동하는 구조와 권력의 메커니즘을 인식할 수 있어야 한다. 리얼리티란 결국 세상을 읽는 성실성에 달렸다.

한국 남성들의 반발 속에서 《82년생 김지영》은 어떻게 밀리언셀러가 됐을까

배후가 있을 것이다.

그토록 수많은 남성들의 미움을 받았던 책 《82년생 김지영》이 출간 2년 만에 누적 판매 100만 부를 돌파했다. 불황이던 출판계에서 한국 소설이 밀리언셀러가 된 건, 2008년 출간됐던 신경숙의 《엄마를 부탁해》 이후 거의 십 년 만이다.

믿기 어렵다. 최근 1년여 동안 《82년생 김지영》에 대한 한국 남성들의 반응을 살펴보라. 소녀시대 멤버 수영이 해당 소설을 읽고 그동안 당연하게 여겨온 불평등과 차별을 인식하게 됐다고 밝혔을 때, 레드벨벳 멤버 아이린이 팬 미팅에서 그 소설을 읽고 있노라 밝혔을 때, 배우 정유미가 〈82년생 김지영〉 영화에 주인공으로

캐스팅됐다고 했을 때 남초 커뮤니티에서 얼마나 많은 이들이 분노를 드러냈는가. 아이린의 사진을 불태운 뒤 사진으로 인증하고, 정유미의 인스타그램에 달려가 "한심하네요, 믿고 거르겠습니다"는 반응을 보이던 그들의 거센 반응은 그때마다 굳이 기사화될 정도로 영향력을 발휘했다. 그런데도 100만 부가 팔렸다. 일부, 아니 상당수 한국 남성들에 의하면 읽고 인증하는 것만으로도 사회적인 물의를 일으킬 만큼 편향적이고 악랄하고 조작된 통계로 가득한 작품을 국민 100만 명이 돈을 주고 구매했다는 뜻이다. 합리적이고 건강한 시장 안에서 이런 일이 벌어질 수 있는 걸까. 당연히 의심해야 마땅한 일이다. 도대체 이 이해할 수 없는 결과엔 어떤 음모와 배후가 있는 것인가.

가장 쉬운 합리적인 의심은 사재기를 비롯해 출판사가 반칙성 마케팅을 했을 가능성을 따져보는 것이다. 출판사에서 사재기를 하는 건 보통 발간 초기 해당 도서를 베스트셀러 순위에 올려 노출 효과를 보기 위해서다. 하지만 지난 9월 《한국일보》 기사에 따르면 《82년생 김지영》의 출간 초기 월별 판매율은 월 2000부 안팎이었다. 그러다 2017년 들어 금태섭 더불어민주당 의원이 동료 의원들에게, 故 노회찬 정의당 대표가 문재인 대통령에게 선물하면서 월 판매부수가 만 단위로 뛰어올랐다. 다시 말해 출판사 불법 마케팅 가설을 밀고 나가면, 민음사에서 두 명의 명망 있는 남성 정치인을 매수해 책 이름을 노출시켰다고 판단할 수 있다. 물론 그것만으로는 100만 부에 이를 수 없다. 위의 《한국일보》 기사에 따르면 지난해 8월 〈SBS 스페셜〉 '82년생 김지영' 편이 방영되면서 월 8만 부 수준으로 판매부수가 급증했다. 민음사가 SBS도 매수했다. 그래도 100만 부까진 멀었다. 잠시 주춤하던 판매량이 앞서 말한 아이린의 발언 이후 다시금 솟아올랐다. 민음사가 SM 엔터테인먼트도 매수했다. 하지만 그 다음 단계에서 암초에 부딪힌다. 아이린의 발언만으로 화제가 된 것이 아니라, 아이린 발언에 대한 남초 커뮤니티의 반발로 화제성이 높아져 판매량이 늘어난 것이다. 그렇다면 민음사가 한국 남성들을 매수하는 데까지 성공한 것일까. 우리 한국 남성들은 매우 사려 깊고 균형 감각을 갖춘 이들일 것이기에(그것을 전제했기에 《82년생 김지영》 100만 부 판매를 의심스럽게 보는 것이기에) 출판사 마케팅 가설은 아쉽지만 폐기해야 할 것이다.

그 다음 가설. 《82년생 김지영》에 공감하는 여성 페미니스트 작전 세력의 공작 혹은 사상 주입을 통해 100만 부 판매에 성공했다는 것. 가령 남초 커뮤니티 '오늘의 유머'에선 한 고등학교의 독서 감상문 쓰기 대회 안내문 사진을 올리며 권장 도서 목록에 《82년생 김지영》이 있는 것을 두고 '교육부 페미들 정말이지'라고 혀를 차기도 했다. 이런 식으로 페미니스트 작전 세력이 한국의 교육계, 행정, 법조계 등을 장악해 사람들로 하여금 《82년생 김지영》을 구매하게 할 수 있지 않을까. 우선 교육계를 페미니스트들이 장악했다고 가정해보자. 학교 권장 도서로 《82년생 김지영》을 올리고 학생들에게 반 강제로 읽히거나 구매를 유도할 수도 있을 것이다. 하지만 좀 이상하다. 학교에서 페미니즘 교육을 하는 것 때문에 보수 성향 학부모 단체에게 고발당했던 최현희 교사는 이러한 공격에 개인 차원에서 대응하느라 오랜 병가를 낸 바 있다. 교육부나 교육청을 정말로 페미니스트들이 장악했다면 교사 개인이 페미니즘 교육에 대한 항의에 홀로 맞설 이유는 없을 것이다.

그렇다면 금태섭의 책 선물을 넙죽넙죽 받았던 국회야말로 페미니스트 공작의 온상이 아닐까. 하지만 '미투' 운동과 관련된 법안 절대 다수가 현재 국회에 계류 중이다. 국회를 장악한 페미니스트들이 '미투' 관련 법안을 제쳐두고 《82년생 김지영》 판매에만 집중했으리라 판단하긴 어려워 보인다. 그렇다면 사법부? 2018년 '미투' 운동의 새로운 전기를 마련한 서지현 검사는 JTBC 〈뉴스룸〉에 출연해 본인이 검찰 조직에서 당한 성추행에 대해 고발한 다음날 본인 책상이 없어지는 걸 경험해야 했다. 그 역시 조직의 보호를 받지 못한 채 개인으로서 안태근 전 검사장의 성추행 및 직권남용에 대해 외로운 싸움을 벌이는 중이다. 이 역시 페미니스트들이 사법부를 접수했다면 벌어지기 어려운 일이다. 그렇다면 행정부일까. 현직 대통령이 '페미니스트 대통령'을 선언했던 만큼 아주 불가능한 일은 아니지만, 한국 남성들이 생각하듯 편향적이고 남성혐오적인 《82년생 김지영》 애독자 페미니스트들이 장악한 청와대라면 서울에 8㎝가 넘는 눈이 쌓였을 때 첫눈이 오면 보내준다던 탁현민 행정관을 자비 없이 추운 눈밭에 내보내지 않았을까.

과거 2012년 대선 개표 부정 음모론을 다룬 《시사IN》 기사에서 천관율 기자는 다음과 같이 말한다. "음모론에는 철칙이 있다. 두세 명의 작당으로 가능한 음모는 실현 가능성이 제법 있다. 하지만 이해관계가 엇갈리는 수십 명이 가담해야 하는 음모론은 허구일 가능성이 높다." 그렇다면 이런저런 배후 세력과 가정을 최소화한 설명은 어떨까. 《82년생 김지영》은 어떤 한국 남성들이 말하는 것처럼 편향적이고 왜곡된 사회 인식을 드러내는 작품이 아니라, 정말로 한국 여성들이 그동안 겪었던 차별과 배제를 충분히 납득 가능한 보편적인 관점과 이해하기 쉬운 문장으로 풀어낸 소설이며, 그러한 소설을 보고 많은 여성들이 자신의 이야기를 발견하고 공감해 기꺼이 지갑을 열어 구매했으며, 또한 이것이 그동안 억눌렸던 한국 여성 독자들에게 하나의 신드롬으로 발현되어 2년 만에 100만 부 판매에 이르렀노라고. 출판사나 페미니스트 같은 특정 배후 세력의 음모와 공작에 의한 결과가 아니라, 그냥 시장 안에서 보이지 않는 손에 인도된 수요와 공급 곡선이 지금과 같은 숫자로 이어졌노라고.

흔히 음모론의 문제를 다룰 때 인용되는 오컴의 면도날 법칙은 다음과 같다. 어떤 현상을 설명할 때 그에 대한 불필요한 가정이 가장 적은 설명이 진실일 확률이 높다는 것. 그렇다면 로지틱스곡선이나 K값 같은 드라마틱한 가정이 없더라도, 오히려 그렇기에 100

만 명이 공감할 만큼 잘 쓴 소설이 팔릴 만해서 팔렸다는 설명이 더 진실에 가까운 것은 아닐까. 아, 물론 이 설명에도 하나의 가정은 추가되어야 한다. 《82년생 김지영》을 악마화 하고 평가절하하며 그와 관련한 모든 소식에 분노하던 남성들의 목소리가, 사실 그 크기에 비해 사회적으로도 시장에서도 그다지 영향력은 없다는 것.

20181201

+ 2015년 메갈리아가 등장했을 당시 조곤조곤한 페미니즘에는 동의하지만 메갈리아의 과격한 언사는 문제라고 비판하던 남자들이, 정작 그 어떤 페미니즘 텍스트보다 담담한 문체로 한국 여성들의 현실을 재현한 《82년생 김지영》에 노발대발하는 모습은 마치 한 편의 희비극 같다.

희비극의 주인공은 이렇게 말한다. 오, 나는 너의 목소리를 경청할 생각이지만 볼륨을 조금만 줄이면 좋겠어. 아니 조금만 더. 아니 지금도 시끄러워. 그리고 목소리가 완전히 소거된 후 그는 말한다. 그래, 이게 내가 원하던 네 목소리야. 결국 그들이 원하는 것은 합리적 토론도 무엇도 아닌 여성들의 침묵일 뿐이다. 그것이 오빠가 허락한 페미니즘의 최종 목적지다.

하지만 결국 《82년생 김지영》의 판매 부수가 증명하는 것은 오빠가 허락한 페미니즘이 허구적이라는 것뿐 아니라, 굳이 허락을 받아야 할 정도로 오빠가 의미 있는 존재도 아니라는 것이다. 오빠가 허락을 해주든 말든, 여성들은 자신들끼리 잘 연대하고 책도 100만 부 팔아주면서 즐겁게 지낼 수 있다. 문명화된 사회에서 과거와 같은 남성 우월주의를 요청하는 것부터 이미 난센스지만, 남성들이 최소한의 알량한 존재감이라도 지키고 싶다면 우스꽝스러운 희비극의 주인공 역할부터 그만둬야 하지 않을까.

여자 친구 불법 촬영 인증과 20대 남성들의 상실감 타령

여자 친구를 불법 촬영해 '일베'에 인증한 범죄자들이 잡혔다. 어쨌든 정의 구현이란 점에선 진일보한 상황이지만, 저들이 주장하고 언론이 일관되게 실어주는 "관심 받고 싶어서"라는 범행 동기에 대해서는 비판적 부연이 필요해 보인다. '일베'와 그 이전의 인터넷 커뮤니티 혐오 게시물의 주요 동력이 '베스트'에 올라가고 관심을 받고 따봉을 받는 것이었다는 점은 익히 알려진 일이다. 그런 점에서 여친 불법 촬영물을 인증한 이들의 "관심 받고 싶어서"라는 말 자체는 진실에 가까울 것이다. 그런데, 그래서 어쩌라고.

《시사IN》 천관율 기자의 기념비적 분석 기사를 비롯해 '일베' 그리고 '일베'와 공유되는 남성들의 여성혐오적인 정서의 기저에 깔린 사회적 맥락에 대한 다양한 분석이 있어 왔다. 저널리즘적으로 또한 사회학적으로 분명 필요한 작업이었다고 본다. 하지만 그럼에도 불구하고 어딘가 미심쩍은 느낌을 지울 수 없다. 저 분석들은 한 사회의 문명화된 시민으로서 책임져야 할 개인의 윤리적 판단의 책임을 은근슬쩍 사회의 것으로 넘기며 동정론을 유발하진 않는가?

저 일베 유저들의 행동과 최근 논란이 되고 있는 20대 남성들의 상실감 이슈가 연결되어 이야기되어야 하는 건 이 지점이다. 최근 《한겨레》에 실린 글에서 한귀영 한겨레경제사회연구원 사회정책센터장은 "혹시 20대 남성은 여혐에다 사회적 약자를 관용하지 못하는 못난 세대라는 생각을 갖고 있다면, 당장은 그 시선을 유보하는 데서부터 시작하자. 20대 남성 시민들은 그런 시선으로 더 심하게 상처받고 분노하고 있다. 우선 그들의 목소리에 귀를 기울여 보자"고 제언한다. 일면 중요한 이야기다. 하지만 결국 그들이 자신들의 상실감을 채우기 위해 본인 여친을 몰래 찍어 인증한다면 진정한 약자는 누구인가? 그들은 상실감을 말하지만 실제로 발현되는 것은 비뚤어지게 행사되는 남성의 젠더 권력이다. 다시, 진정한 약자는 누구인가? 결국 20대 남성의 상실감을 이해해야 한다는 선의적 관점은 그들이 그 상실감을 알리바이 삼아 약자를 향해 실제로 누리고 행하는 부당한 권력을 지워버리는 것이 아닌가?

20대 남성들의 혐오 정서를 밑바닥에서부터 제거하기 위해 그 정서의 기저에 깔린 사회적 맥락을 이해하는 것은 분명 필요한 일이다. 하지만 그들을 이해하기 이전에 되묻지 않을 수 없다. 우리는 '그럼에도 불구하고' 혐오 발언을 하지 않고 사회적 약자를 차별하는 것은 잘못된 일이며 해선 안 되는 일이라는 어느 정도 강제성 있는 사회적 합의를 이룬 적이 있나? 오히려 최근 드러난 웹하드 카르텔처럼, 사회적 합의는커녕 사회적 묵인 속에 기득권으로서의 남성들이 권력을 누려오다가, 이제야 그 문제를 제기하는 것에 대해 '상실감'을 느끼고 징징대고 있는 것이 아닌가? 그 징징거림을 이해해주기 이전에 어쨌든 그동안 아무 제재 없이 그들이 누려왔던 것이 잘못된 것이고, '그렇게 행동하면 이제는 좆될 수 있다'는 사회적 경험을 만드는 게 우선이지 않은가? 이제야 비정상의 정상화를 위한 한 걸음을 내딛고 있는데, 그걸 기어코 함께 가지 않겠다고 버팅기는 이들에게 '너의 이유는 뭐니'라고 물어볼 필요가 있을까. 우선은 앞으로 밀든 아예 뒤로 자빠트려 버리든, 네가 징징대도 이제 그런 시대는 끝났다는 걸 '이해시키는 것'이 우선이지 않을까.

남성들의 혐오 문화에 대한 사회적 책임? 당연히 있다. 우리 사회는 그들을 문명화된 근대적 시민으로 교육하는데 실패했다. 왜? 안 그래도 괜찮다는 신호를 그토록 오랜 시간 보냈으니까. 그게 뿌리 깊은 여성혐오, 약자 혐오 문화다. 그것을 고치자고 목소리를 높인 여성 페미니스트들보다, 외롭고 관심 받고 싶어서 저런 범죄를 저질렀다고 말하는 남자들의 목소리에 더 귀기울여줄 이유가 어디에 있을까. 나는 찾지 못하겠다.

조금만 더. 어느 정도 비슷한 범죄지만 워마드에 홍대 누드 모델 몰카가 올라왔을 땐 그것이 한 개인의 문제가 아닌 워마드와 왜곡되고 과격해진 페미니즘의 문제로 비화됐다. 저런 식의 방법론은 '역공을 받기 때문에 잘못'이라는 훈수도 있었다. 어쨌든 비난의 핵심은 '너희의 부도덕한 방법 때문에 너희가 내세우는 페미니즘이란 대의에도 동의할 수 없다'였다. 하지만 저 일베 유저들은 도덕적 변명도 없이 그저 '관심 받고 싶어서'라고 말한다. 그리고 이 사회는 그걸 또 관심 가지고 들어주자고 한다.

지금 해야 할 일은 그들의 여혐과 사회적 약자 배제 자체가 사회적 '우쭈쭈쭈' 때문에 생긴 안 좋은 버릇은 아닌지부터 검토해보는 것 아닐까. 20181226

+ 문재인 정권에 대한 20대 남성 지지율이 떨어진 것에 대해 가장 많이 나온 분석 중 하나는 젠더 이슈에 따른 피해 의식이 확산됐다는 것이다. 물론 그 외에도 일자리 부족 등 세대적인 어려움이 존재하지만, 그 어려움을 20대 여성 역시 겪고 있다는 것을 떠올리면 역시 여성 인권 신장과 담론 확장에 대한 상대적 박탈감이 작지 않아 보인다. 굳이 따지면 20대 남성 입장에선 왜 성평등 운동이 우리 세대에서 이렇게 급진적인가, 왜 우리는 윗세대 남성처럼 꿀을 빨지 못하고 어른이 되어야 하는가, 라며 억울하다는 질문이 나올 수도 있겠

다. 소수 집단 혹은 사회적 약자를 특별 입학시키는 제도가 역차별이란 논란이 생기자 피터 싱어가 했던 반박으로 대답을 대신하겠다.

“과거의 절차에 의해서라면 입학했을 지원자들이 새로운 절차가 그들의 입학할 권리를 침해했다거나 그들을 다른 사람들보다 덜 존중했다고 주장할 수는 없다. 그들은 옛날 정책의 운 좋은 수혜자였을 뿐이다. 이제는 정책이 그들이 아니라 다른 사람들에게 유리하도록 바뀌었다. 그것이 정당하지 못한 것처럼 보인다 해도 그것은 우리가 옛날 정책에 익숙해 있는 까닭일 뿐이다.” 여기서 ‘그들’을 한국 남성으로 옮겨 적어보자.

다른 게 아니라 틀린 겁니다

2.
가짜 논의와
공론장의 적들

'지식 셀럽'과 방송의 위험한 공모

2017년 2월 방영된 SBS 〈대선주자 국민면접〉의 면접관은 총 다섯 명이다. 허지웅, 강신주, 진중권, 전여옥, 김진명. 고대사 및 현대사를 왜곡하는 판타지 작가 김진명을 아예 논외로 치면 딱 채널A 〈외부자들〉 출연자 반, tvN 〈대학토론배틀 7〉 출연자 반이다. 이것은 JTBC 〈썰전〉 같은 정치 토크쇼에 대선 주자가 출연하는 것과는 전혀 다른 문제다.

지상파에서 국민을 대표해 대통령이 될 사람을 검증하겠다며 만든 자리에 정치, 경제, 행정, 안보 등 분야별 전문가는 한 명도 없고 그 모든 분야에 한마디씩 얹을 수 있는 대중 친화적 지식인이 그 자리를 대체한다. 대통령의 영화 취향이나 미적 감각을 확인하려는 게 목적이 아니라면(허지웅, 진중권), 대통령이 꿈이면 무조건 그 꿈을 이룬 뒤 포기하라는 하나마나한 조언을 들을 목적이 아니라면(강신주), 이 구성은 지상파로서 너무나 무책임하다. 이것은 케이블 교양 프로그램이나 종합편성채널의 정치 토크쇼 등을 통해 대중적인 지식 중개인이 된 지식인 셀러브리티(이하 '지식 셀럽')에 대한 방송의 활용이 도를 넘었다는 걸 보여주는 가장 상징적인 사례다.

최근 방송과 출판, 강연 시장에서 활약하는 '지식 셀럽'의 양태는 크게 둘로 나눌 수 있다. 설민석, 최진기, 채사장처럼 좁든 넓든 자기 분야 안에서 해당 분야의 지식을 대중적인 언어로 쉽게 전달해주는 지식 소매상 계열과 진중권, 허지웅처럼 자기 분야 바깥에서도 날카롭게 설전을 벌이는 논객 계열. 물론 대중적 지식인은 언제나 있어왔지만 최근처럼 이들의 발언권이 힘을 얻고 주목을 끈 적은 별로 없었다. 어른들의 지식 채널이 된 O tvN 〈어쩌다 어른〉 최다 출연 강사 설민석은 현재 한국에서 가장 유명하고 영향력 있는 한국사 전문가가 되었다. 역시 〈어쩌다 어른〉의 단골 멤버였던 최진기는 하차하기 전, 채사장과 함께 최근 1~2년 사이에 불던 인문학 열풍의 가장 선두에 서 있었다. 또한 2년 전부터 자주 쓰이기 시작한 '뇌섹남'이란 어휘의 유행의 중심에 허지웅이 있었다는 것을 부정하기는 어렵다.

이들은 혜민 스님이나 김미경처럼 모티베이션 자극에 집중하는 기존의 멘토 타입 스타 강사와는 달리 본인들의 지식과 통찰력을 제공해주는 역할을 하고 있다. 방송 시장에서 이들의 강점은 명확하다. 대중이 원하는 지식을 대중적인 어휘로 쉽게 풀어서 이야기해줄 수 있으며 넓은 관심사 덕에 다양한 이슈에 대해 발언할 수 있다. 가령 언어에 조예가 깊은 조승연 작가는 〈어쩌다 어른〉에서 영어 공부에 대해 강의를 하는 동시에 JTBC 〈비정상회담〉 '광복절 특집'에서 과거사 문제에 대해 조리 있는 토론을 펼치기도 한다.

지식 소매상으로서의 역할이든 여러 첨예한 이슈에 통찰을 제공하는 것이든 그 자체로만 보면 '지식 셀럽'은 순기능을 한다고 볼 수 있다. 문제는 이들이 방송에서 종종 만능 키처럼 활용된다는 것이다. 생전에 TV 권력에 대해 강력한 비판의 날을 세웠던 사회학자 피에르 부르디외는 이렇게 질문했다. "어제는 보스니아 문제를 이야기하고 오늘은 이민 법안 토론 프로그램에 참석하고 내일은 또 다른 프로그램에서 알제리 문제를 다루는 학자에게서 어떤 깊은 성찰을 기대할 수 있겠느냐"고. 순기능은 자기 제한의 미덕을 갖추지 않는 순간 그대로 역기능이 되어버린다.

설민석의 스토리텔링 강연을 통해 역사적 사실을 쉽고 재밌게 습득하는 것까진 좋다. 하지만 그의 역사 의식에 대해서까지 권위를 줄 때, 설민석 스토리텔링의 뼈대를 이루는 민족주의적이고 영웅 중심적인 역사관은 구시대적 '국뽕'을 강화할 수 있다. 철학 저술가로서의 강신주가 《철학 VS 철학》 같은 저술로 철학을 대중화하는 건 좋은 일이지만, 해당 서적의 개정증보판을 내며 진행한 인터뷰에서 "페미니즘은 여성적인 입장을 다루나, 인간 보편까지는 수준이 안 올라갔다"고 발언하는 건 건방진 일이다. 바로 그 인간 보편이라는 개념에 어떤 불의한 권력이 개입했는지 드러내고 해체하는 작업에 페미니즘의 성과가 있다는 것을 성찰하지 못하는 이가 "50년 후에는 나만 남는다"고 자신하는 건 자의식 과잉이다. 항상 박학을 과시하다가, 조선미술사 강의에서 팩트 오류를 저지르며 방송에서 하차한 최진기의 사례는 자기 제한 없는 '지식 셀럽'의 자신감이 어떻게 지식 체계를 교란하는지 보여준다.

이것은 '지식 셀럽' 본인의 잘못이기도 하지만 제대로 지식을 필터링하는 역할을 포기하고 '지식 셀럽'의 발언들에 권위를 더해주는 방송의 잘못이기도 하다. 유명해지고 싶은 개인과 쉽고 빠르게 다양한 이슈에 대해 지적으로 보이면서도 재밌는 콘텐츠를 유통하고 싶은 방송이 공모를 한 셈이다.

방송이 출연자에게 제공하는 무대는 다채로운 의견이 교환되고 논박될 수 있는 평등한 빈 공간이 아니라, 그 자체로 지식인의 권위가 제공되는 연단이다. 강사를 응시하는 청중들이 고개를 끄덕이는 장면이 무수히 교차 편집되는 강연 프로그램뿐 아니라, 질문을 통해 상대의 권위를 확보해주는 시사 프로그램도 마찬가지다. '지식 셀럽'으로서의 허지웅은 MBC 〈PD 수첩〉에서 여성혐오 문제를 다룰 때 인터뷰에 응해 "성(차별) 문제의 근간에는 부동산 문제와 계급 문제가 있으며 왜 그걸 안 보려 하는지 모르겠다"고 했다. 그의 말에서는 젠더 차별이 부동산과 계급 이전에 유구한 역사를 지니고 있는 가장 근본적인 부조리이자 구조적 모순이라는 것은 고려되지 않았다. 이는 한 명의 자유인으로서의 그가 해당 이슈에 대해 자유롭게 발언하는 것과는 전혀 다른 문제다. 지상파 시사 프로그램이 의견을 구하고 마이크를 쥐어줄 때 그의 허술한 발언엔 지적 권위가 과잉 부여된다. 한 분야에 대한 깊이 있는 지식과 성찰이 필요한 자리조차 조커로서의 '지식 셀럽'이 차지하고 발언을 독점하는 것은 공론장을 퇴보시킨다. 〈대선주자 국민면접〉은 교란되고 퇴보한 공론장의 가시적인 현현이다.

하지만 '지식 셀럽'과 방송의 공모가 이뤄낸 최악의 풍경이 〈대선주자 국민면접〉은 아니다. '남자아이 미술 교육 전문가'를 표방하는 최민준 소장은 〈어쩌다 어른〉에 출연해 남아와 여아 사이의 학습 방식에는 근본적인 차이가 있다고 말하며 기존 남아 교육의 문제점을 어머니와 아들의 성별 차이 문제로 환원한다. 남아와 여아 사이에 성차가 있다는 건 어느 정도 사실이지만, 그 때문에 남아를 위한 학습 방식을 따로 만들어야 한다고 말할 정도의 명확한 근거는 없다. 논거를 대신하는 건 그럴싸한 가정들이다. 그는 뭐든 예쁘게 하길 강요하는 엄마의 미술 교육이 남아를 억압하는 건 아닌지 반문한다. 육아 노동이 엄마에게만 할당되는 것이 온당하냐는 근본적인 질문은 차치하더라도, 당장 현실에서 유아용 스케치북만 봐도 핑크빛 여아용과 파워레인저가 그려진 남아용으로 구분되어

성 역할을 공고히 하는 현실에서 그가 비판하는 남아 차별적 미술 교육이라는 것은 실체부터 모호하다. 그가 직접 인용하기도 한 《화성에서 온 남자 금성에서 온 여자》의 육아 버전인 이 유사 지식은 말 안 듣는 아이 때문에 지친 엄마들에게 당장 우리 아이에겐 문제가 없다는 위로를 줄지언정, 문제의 책임을 엄마 본인에게 돌리게 만든다. 이 거대한 기만에 엄마들이 고개를 끄덕이고 반성하는 모습을 보는 건 비극이다.

정보에 무제한적으로 노출되는 현대 사회에서 유사 지식을 걸러내는 것은 공부 그 이상으로 중요해졌다. 하지만 위의 사례들처럼 해당 문제의 중요 당사자인 방송에서 이 문제를 책임 있게 다루는 것 같지는 않다. 최민준이 〈어쩌다 어른〉에서 청중과 시청자를 상대로 자기 주장을 펼칠 위치에 오른 건 스타 강사의 등용문이 된 CBS TV 〈세상을 바꾸는 시간, 15분〉 출연과 그 이후 그에게 육아 관련 코멘트를 딴 일간지들 때문이다. 지식을 전달하겠다는 방송에 필요한 건 연출을 통한 시선의 결집이 아니라 지식 검증을 위한 논거의 교환이다. 한국사에 빛나는 영웅적 국가로 설정된 고구려와 발해가 다민족·다문화 국가로 번영했다는 역사적 사실 역시 설민석의 강한 민족주의 서사에 대한 반대 논거로 제시되어야 하며, 경제적 문제로 이혼하는 부부의 문제를 자본주의 사회의 병폐라 말하는 강신주에게는 경제적 부담을 포함한 현실적 제반 사항으로부터 자유로운 사랑과 관계란 무엇인지 질문해야 한다. 지적 필터링 없는 미디어의 장은 자유로운 공론장이 아닌 아무 말 대잔치가 될 뿐이다. 심지어 아무 말 대잔치에 권위와 신뢰까지 더해진다면, 그것이 카오스다. 20170214

+ 이 글을 쓰고 약 한 달 뒤 "조선미술사 강의에서 팩트 오류를 저지르며 방송에서 하차한 최진기"가 다른 것도 아닌 인공지능에 대한 강연을 하며 〈어쩌다 어른〉에 복귀한 것을 어떻게 생각해야 할까. 당장 자기 분야와 비슷해 보이지만 전혀 달랐던 조선미술사를 다루다가 큰 실수를 했던 그가 자기 분야와 거리가 멀고도 먼 인공지능에 대해 "인공지능은 지능은 대체할 수 있어도 인간의 창의성은 대체할 수 없다" 정도의 말이나 하며 다시 한 번 부당한 권위를 획득한 것을, 어떻게 봐야 할까. 아무리 지식 소매상으로서의 전문 강연자가 이해하기 쉽게 지식을 전달할 수 있다고 해도, 이것은 책임 있는 지식인의 자세도 아니며 책임 있는 방송의 자세도 아니다.

이처럼 '지식 셀럽' 개인과 방송의 양심을 믿을 수 없다면, 과연 그렇게 획득된 지적 권위를 믿어도 될까. 결국 좀 더 믿을 만한, 그래서 좀 더 단단한 지적 권위의 근거를 세우는 일은 역설적으로 이들 '지식 셀럽'과 그들이 출연하는 방송에 대해 의심하고 질문하며 검증하는 방식으로만 가능할 것이다. 우리에게 필요한 건 우러러볼 '지식 셀럽'이 아닌 우리 인식의 지평을 넓혀줄 지식 그 자체일 테니까.

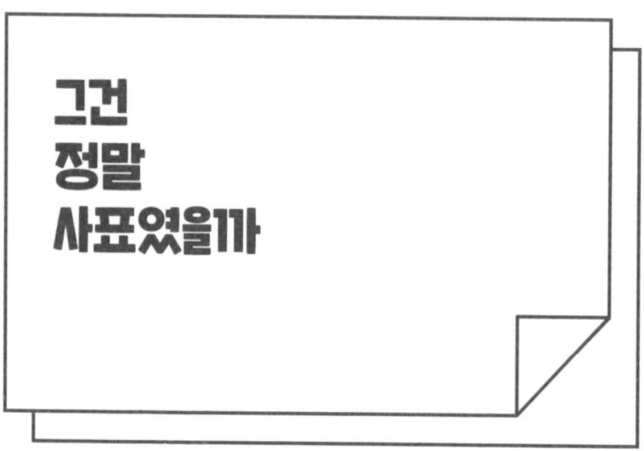

그건 정말 사표였을까

휴가 중 동성 간 섹스를 했다는 이유로 징역형을 선고 받은 A 대위를 위해 국회의원 12명이 탄원서를 제출했다. 정의당 이정미 의원의 주도로 정의당 의원 6명, 민주당 의원 4명, 국민의당 1명, 무소속 1명. 소속 정당과 상관없이 그 숫자와 상관없이 이 12명 의원들 모두에게 고마움을 느낀다. 다만 부정할 수 없는 건 이 탄원의 출발부터 결과적 볼륨 모두에서 정의당이 주도적 역할을 했다는 것이다.

지난 대선에서 성소수자 이슈를 이유로 정의당 심상정 후보를 지지하겠다고 선언한 이들에게 실제 의정 활동과는 상관없이 단지 TV 토론만 보고 판단하는 정치 힙스터라는 딱지가 붙었었다. 실제로 지난 김자연 성우에 대한 넥슨의 계약 해지 건에서 정의당이 보인 갈팡질팡 행보는 실망스러웠으며 원내 진출 진보 정당에 대한 신뢰를 떨어뜨렸다. 심상정 후보가 페미니즘이나 성소수자 이슈에 대체 얼마나 꾸준히 발언했느냐는 비판과 의문도 어느 정도는 정당했다. 누군가의 눈에는 심상정 지지자들이 그저 TV 토론만 보고 마음을 돌리는 한없이 가벼운 존재들로 보였을 수 있다.

하지만 투표는 단순히 어떤 정책과 가치관을 가진 정치인을 밀어주는 역할뿐 아니라, 어떤 정치인에게 가치관과 정책을 요구하고 압박하는 피드백 역할 역시 할 수 있다. 굳이 따지면 계급투쟁 노선에 익숙한 구 좌파로 분류될 심상정이 성소수자 이슈와 동시대적인 페미니즘 이슈를 내면화했을지는 확신하기 어렵지만, 해당 이슈를 중요하게 여기는 사람들은 "동성애에 반대한다"고 말한 지지율 1위 후보 대신 스페어 타임 1분을 써서 성소수자들의 존재를 호명한 후보에게 지지를 보내면서 이 이슈를 정치적으로 가시화했다. 이것은 정의당과 심상정에 대한 유의미한 응원과 압박이 됐다. 대선 후 《시사IN》 기사에서 정의당 측은 심상정의 진보 정당 역대 최고 득표율에 대해 여성 유권자와 성소수자 이슈를 언급하며 이제 누구를 보고 가야 할지 명확해졌다고 밝혔다. 즉 노동 문제뿐 아니라 성소수자의 인정 투쟁 역시 원내 진보 정당의 주요 의제가 된 것이다.

심상정이 10%를 얻는다고 대체 정치가 어떻게 바뀌느냐고 반문하던 열혈 문재인 지지자 김남훈 같은 이들도 있었다. 뉘앙스는 각기 달랐지만 결국 사표론으로 소급하는 말들이 넘쳐났다. 어떻게 바뀌느냐고? 이렇게 바뀐다. '메갈당이냐'고 호통 치는 내부 목소리에 눈치나 보던 정당이 성소수자 이슈를 주요 의제로 삼고 주도하는 이 상황이 변화가 아니면 무엇인가? 조금 더 나아가 이것이 진보가 아니면 무엇인가? 목표했던 10%조차 채우지 못했지만, 세상이 더 나아지는데 기여했다면, 그것이 어째서 사표라 할 수 있는가. 20170524

+ 아직도 기억한다. 지난 대선에서 정의당 심상정 후보를 찍겠다는 이들에 대해 정권 교체는 문재인 후보에게 기대면서 표는 심상정에게 주는 무임승차자라고 비난하던 이들을. 혹은 심상정에게 표를 주는 건 결국 홍준표와 과거를 위해 던지는 표라고 말하던 이들을. 그들의 주장에도 일말의 진실은 있다. 한국의 다수제 민주주의는 승자 독식과 패자 전몰의 구조를 품고 있다. 그들의 주장대로 바로 전 대선에서 문재인 당시 후보는 박근혜 후보에게 단 3% 차이로 지며 대선의 패배자가 됐고, 박근혜 대통령은 제왕적 권력을 행사했다.

그것이 비민주적이기에 분노했다면, 단순히 문재인 후보가 패배한 사실에 대해서만 분노하기보다는 문재인 후보를 지지한 48%의 민심이 아무것도 아니게 된 상황에 대해 분노하고 의심해야 하지 않을까. 이러한 다수제 민주주의의 승자 독식을 극복하고 대선에서 진

48%의 민심이 그럼에도 반영될 수 있도록 하는 것이 연동형 비례대표제와 다당제 등으로 대표되는 합의제 민주주의다. 민주주의는 성군을 뽑기 위해 존재하는 것이 아니라 암군이 집권해도 크게 흔들리지 않을 수 있기 위해 존재하는 것이며, 투표는 투표 승자가 모든 것을 갖기 위한 것이 아니라 투표한 이들의 민심이 반영될 수 있도록 하려고 존재하는 것이다. 양당제 구도에서 정의당 같은 진보 정당을 비롯한 소수 정당을 지지하는 이들을 무임승차자나 사표로 규정하는 것보다 그들의 목소리가 그럼에도 어떻게 구심점을 갖고 여론이 되어 세상을 바꿀 수 있을지 고민하는 것이 훨씬 생산적이고 민주적인 사고다.

언론의 1일 1 이택광에 대하여

만약 KBS 〈무엇이든 물어보세요〉에 단 한 명의 패널을 섭외해야 한다면 경희대 글로벌커뮤니케이션학부 이택광 교수여야 하지 않을까.

지난 몇 년 동안 지면과 방송, SNS 등을 통해 다양한 분야에 대해 발언해 온 그는 언젠가부터 각 언론에서 어떤 이슈를 다루든 전문가로서 인용되고 있다. 과거(사실 현재도 그렇지만) 서울대 심리학과 곽금주 교수가 온갖 기사마다 인용되며 '오늘의 곽금주'라 불렸던 것처럼, 지난 1, 2년 간 이택광 교수에 대한 인용 역시 조금 과장하면 1일 1이택광 수준이라 할 수 있을 것이다.

실제로 2015년 6월부터 지난 2년 동안 언론을 통해 이택광 교수의 전문가 코멘트가 인용된 기사를 검색해 아카이빙 하니 무려 209개에 달한다. 《경향신문》의 이택광 교수 개인 칼럼과 〈시사자키 정관용입니다〉, 〈신율의 출발 새아침〉에서처럼 본인이 자율적으로 주제를 정해 발언하는 케이스는 제외했으며, 해당 코너들에서 이야기한 것을 재인용한 기사나, 이택광 교수가 당사자인(가령 책을 냈다거나 행사 진행을 맡는다는) 기사, 그의 트위터 발언이나 행사 발언을 재인용한 기사 역시 제외했다. 즉 기자가 기사에 전문성과 신뢰도를 더하기 위해 이택광 교수의 코멘트를 딴 것만을 모은 게 2년 동안 209개다. 물론 숫자는 중요한 게 아니다. 중요한 건 과연, 200개가 넘는 인용들이 전문가로서의 통찰을 통해 기사에 신뢰를 더해주느냐는 것이다(해당 인용구들의 아카이빙이 페이스북에 있지만 지면 관계상 싣지 못했다. 정말 엄청나게 길기 때문에 월별로 간략 정리했다).

이택광 교수 코멘트 인용 기사 수 및 주제

2015년 6월 – 13회(태극기 게양, 게임 광고 선정성, 메르스, 출판계 표절, 매드맥스, 대학가 논문 표절, 한류, 나영석 PD 등)

2015년 7월 – 10회(게임사 슈퍼셀, 유승민 사퇴, 보신탕, 마리텔 김영만, 피로 산업, 유럽 여행 안전, 메신저 캐릭터 등)

2015년 8월 – 6회(행복주택 사업, 유재석, 썰전, 죽창 등)

2015년 9월 – 8회(소셜미디어 범죄, 맥심 표지, 게임 산업, 뉴스 윤

리, 자살, 록페스티벌 떼창, 소셜테이너 등)

2015년 10월 – 5회(스낵 컬처, 지하철 역 이름, 박근혜 팬덤, 대학가 대자보 등)

2015년 11월 – 9회(여성운동, 증권가 찌라시, 아이유, 카톡방, 도도맘, 트렌드 서적, 음란 웹툰 등)

2015년 12월 – 7회(성장 제일 주의, 복고 열풍, 거지 키우기 게임, 혐오 사회, 스타워즈 7, 재벌가 이혼 등)

2016년 1월 – 7회(응팔, 파워블로거, 재벌 이혼, 중화권, 대자보 등)

2016년 2월 – 7회(밸런타인데이, 김소월 초판본, 걸 크러쉬, 필리버스터 등)

2016년 3월 – 5회(윤동주, 버니 샌더스, 한복 유행, 선거운동, 태양의 후예 등)

2016년 4월 – 4회(드라마 세트장, 걸그룹 솔로 데뷔, 시민단체, 실버 예능 등)

2016년 5월 – 7회(신생아 작명, 임을 위한 행진곡, 파일럿 예능, 페미사이드, 이승만 비판 세로드립 시, 미국 드라마 뿌리 리메이크 등)

2016년 6월 – 10회(동물 예능, 구의역 사건, 인스타그램, 대학 카톡방, 더민주 내부 갈등, 연예인 사건 사고, 로드레이지, 샤샤샤 등)

2016년 7월 – 7회(문화 콘텐츠 반값 할인, 아재 컨슈머, 나향욱 발언, 포켓몬 고, 남성 화장, 쉑쉑 버거, 아는 형님 등)

2016년 8월 – 7회(SNS 연애, 영화 인천상륙작전, 미니멀리즘 라이

프, 솔로 이코노미, 큐레이션 서비스, 리우 올림픽 등)

2016년 9월 – 8회(웹툰 작가 예능, 아이돌 역사, 강남패치, 명절 문화, 혼술족, 메시지 티셔츠 등)

2016년 10월 – 16회(혼술, 세월호 유가족 혐오, 전문가 타락, 밥 딜런 노벨상 수상, 청년 해외 진출, 비정규직 문제, 문단 내 성폭력, 취업 스터디, 개헌, 대자보, 탄핵, 할로윈 등)

2016년 11월 – 15회(최순실, 촛불집회, 해시태그, 풍자 개그 등)

2016년 12월 – 8회(촛불집회, SNS 폭로, 2016 인기 드라마 결산 등)

2017년 1월 – 6회(프로할말러, 취업 스펙, 인형 뽑기, 시발비용 등)

2017년 2월 – 13회(혐오 발언, 공유 냉장고, 포켓몬 고, 환생 드라마, 밸런타인데이, 졸업 유예, 정치 예능, 홍상수, 자존감 콘텐츠, 가짜 뉴스, 보수 집회 등)

2017년 3월 – 10회(리본 달기, 시발비용, 사회 불신, ASMR, 궁궐 야간 관람, 문단 신인상 폐지, 군대 스펙, 정치권 명예훼손, 낙산랜드, 스타크래프트 리마스터 등)

2017년 4월 – 11회(역사 왜곡, 비혼, 노란 리본 상품화, 한경오 비난 여론, 심상정, 인터넷 커뮤니티 대선 정국 등)

2017년 5월 – 10회(선거 벽보, 직장 이직 문화, 나무위키, 청와대 외모 패권, 공무원 응시 쏠림, 스승의 날, 직장 스트레스, 박근혜 올림머리, 명작 게임 리마스터, 게임 광고 아재 모델 등)

숫자의 문제가 아니다. 기자들이 이택광 교수를 인용하는 이슈는 너무 다양하다. 나영석과 유재석과 걸그룹이 있고, 〈포켓몬 고〉와 〈스타크래프트 리마스터〉가 있으며, 문단 내 표절과 문단 내 성폭력 문제가 있고, 록페스티벌 떼창과 홍상수가 있으며, 흙수저 문제와 혼술족, SNS 연애가 있고, 스승의 날과 밸런타인데이 선물에 대해서도 의견을 표명하며, 정당 내 갈등과 총선, 탄핵, 촛불집회에 대해서도 인용한다. 미안하지만 한 개인이 이토록 다양한 이슈에 통달해 있으리라고는 믿지 않는다.

지식 셀럽 관련한 글에서도 인용했던 피에르 부르디외의 말을 다시 한 번 재인용하자면 "어제는 보스니아 문제를 이야기하고 오늘은 이민 법안 토론 프로그램에 참석하고 내일은 또 다른 프로그램에서 알제리 문제를 다루는 학자에게서 어떤 깊은 성찰을 기대할 수 있겠는가?". 당장 인용된 코멘트들 자체가 딱히 맞고 틀릴 것도 없는 원론적이고 별다른 정보 값 없는 의견이다. 심지어 엔터테인먼트 업계 관련 의견은 해당 분야에서 10년 정도 일한 기자로서 보기에 그냥 '아무말'에 가깝다. 다시 한 번 말하지만 한 개인이 다양한 분야에 관심이 있고 그에 대해 발언하는 것은 아무런 문제가 되지 않는다. 또한 지식인으로서 현실의 이슈에 많이 관심을 갖고 공부하고 발언하는 것은 쌍수를 들어 반길 일이다.

하지만 이것은 전혀 다른 문제다. 과연 해당 사안들에 이택광 교수가 전문적 식견을 가진 사람으로서 인용될 만한지 질문하는 것이다. 그가 영미 문화에 대해, 라깡과 지젝 철학에 대해 해박하고 정통한 이론을 갖춘 것만큼 해당 이슈들에 대해 정통하느냐고 질문하는 것이다. 개중엔 철학 연구자로서 어느 정도 권위를 더해줄 것들도 있겠지만 상당수는 아니다. 그렇다면 과연 권위는 어디서 나오는가?

기자가 어떤 이슈를 다루며 단순히 팩트만 나열할 게 아니라면, 결국엔 해당 사안을 잘 설명해줄 프레이밍 과정이 필요하다. 개인적으로는 가설적 재구성이라는 표현을 더 좋아한다. 여기엔 기자 개인의 통찰력도 필요하지만 결정적으로 이러한 가설적 재구성에 신뢰를 더할 근거가 필요하다. 당연히 기자도 다양한 분야에 통달할 수 없기에 그때마다 해당 분야에서 학문적 업적을 증명한 학자에게 자문을 구하거나, 해당 산업 종사자를 취재하거나(《아이즈》에서 기자들에게 가장 많이 요구하는 방식이다), 책을 읽고 공부해 해당 사건을 재구성하기에 가장 좋을 법한 강력한 이론을 가져와서 적용하는 방법(개인적으로 이건 《시사IN》의 천관율 기자가 가장 잘 한다고 생각한다) 등이 있다. 하지만 많은 경우 해당 분야에서 신뢰할 만한 진짜 전문가가 누구인지 가려내는 것부터 상당한 능력이 필요하며, 그에 대한 접근 루트를 알아보는 것도 시간이 걸리며, 실제로 코멘트를 따는 것도 쉽진 않다. 개인적으로는 과거 《텐아시아》에서 근무할 때 당장 3, 4일 내로 저작권법에 대한 기사를 써야 해서 아무 준비도 되지 않은 상태에서 다짜고짜 고려대로 전화해박경신 교수에게 맨땅에 헤딩하듯 취재를 요청하고 나의 무지를 탈탈 털린 뒤 서적을 추천받아 부랴부랴 기사를 작성했던 기억도 있다. 이처럼 다뤄야 할 이슈는 많고 정통한 전문가를 찾기도 어려울 때 다산콜센터처럼 활용되는 존재가 앞서 말한 하재근 류의 실체 없는 문화평론가나 코멘트 자판기로 유명한 곽금주 교수 같은 이들이다.

그런 면에서 문화비평가이자 SNS 논객, 그리고 철학적 사유를 담아 박근혜 현상이나 대중문화에 대해 글을 쓰는 대학교수인 이택광은 어떤 면에선 기자에게 너무나 감사한 프리패스 같은 존재일 것이다. 위의 기사들을 보라. 《헤럴드경제》, 《한겨레》, 《경향신문》, 《중앙일보》, JTBC, MBN, KBS, 《한국일보》, 《국민일보》 등 꽤나 공신력 있는 매체들 거의 대다수가 아무 데나 그의 의견을 구하고 있다. 여기엔 학자가 다른 분야에 관심을 가진다고 해서 그 분야도 학자 수준으로 깊이 있는 이론과 논거를 갖추긴 어렵다는 당연한 전제가 빠져있다. 그렇다면 다시, 권위는 어디서 오는가?

여기서 재밌는 순환논법이 발생한다. 언론이 인용하니 해당 분야에 대한 권위가 생긴다. 그는 그 권위를 이용해 언론 기사에 권위를 부여해준다. 마치 에셔의 석판화 〈그리는 손〉을 보는 느낌이다. 아마도 여기엔 서강대 김경만 교수가 지적한 바 있는 한국 사회에서의 '지식장' 부재라는 문제가 강하게 개입되어 있으리라 짐작하지만 그것까지 여기서 다루긴 어렵다. 다만 기자들이 해당 분야에서 조용히 연구하고 논문을 쓰는 '지식장'의 인력들을 발굴하고 조언을 구하고 인용하는 수고를 하지 않는다면, 언론에서 인용하는 전문가 의견이란 연예 기사에서 덧붙이는 네티즌 의견과 비슷한 수준으로 전락하고 말 것이다. 아니, 이미 그렇게 되어가고 있다.

내가 걱정하는 것은 바로 이 지점이다. 나름 공인된 언론으로서 기사에 권위를 실어야 할 때, 그냥 단순히 어떤 걸 질문해도 답을 내어주는 사람을 찾아 무의미한 몇 줄을 덧붙이는 걸로 만족한다면 과연 그것을 독자들이 인식하지 못할까? 그것으로 지적 권위를 재생산하려고 할 때, 과연 대중은 그것을 신뢰할 수 있을까. 언론을 신뢰하고, 지식인 사회를 신뢰할 수 있을까. 과연 현재 언론과 대중적으로 활동하는 지식인들이 엘리트로서 학문적으로 이론적으로 논리적으로 세공된 담론을 제시하고 있는가? 그들의 권위를 확보해줄 지식장과의 끊임없는 피드백이 이뤄지고 있는가?

이에 대해 긍정적인 답변을 할 수 없다면, 과연 우리는 대중의 언론 혐오와 지식인 불신에 대해 뭐라고 말할 수 있을 것인가.

20170530

+ 원래는 2017년 초까지 다녔던 직장인 《아이즈》에 제안했다가 이 책에도 실린 '지식 셀럽'에 대한 글이 나간 지 얼마 되지 않은 시점이라 반려됐던 기획이다. 그래서 개인적으로 준비해서 써봤고 실제로 엄청난 분량의 기사가 모여 스스로도 놀랐다.

이 기획이 이택광 개인에 대한 비난이 아닌 건 물론이다. 이쯤 되면 코멘트를 줄이는 것이 학자적 양심이라고는 생각하지만, 더 큰 문제는 결국 전문가에게 코멘트를 받는 대신 코멘트를 주는 사람을 전문가로 둔갑시키는 언론의 비양심이다. 어떤 이슈에 대해 제대로 된 논거를 기반으로 관점을 제시하기란 쉽지 않은 일이다. 하지만 쉽지 않다고 해서 무작위로 코멘트를 수집한 뒤 그것으로 기사 분량을 채우고 마치 의미 있는 기사인 것처럼 내보낸다면 언론의 존재 이유 자체가 사라진다. 언론으로 존재하기 위해 기사를 빠르게 많이 생산해야 하지만, 그 때문에 언론의 근본적인 존재 이유를 배신하는 것에 대해 과연 언론은 어느 정도로 자성하고 있을까.

그 이후로도 이택광 교수의 코멘트는 엄청나게 쏟아져 나오고 있다.

페미니즘 공부는 셀프라는 말에 대해

종종 여성 페미니스트들이 자신에게 나름 정중하게 질문을 제기하는 (물론 이 정중함에는 거의 대부분 의뭉스러움이 동반된다) 남성들에게 '공부는 셀프'라고 면박을 주는 경우가 있다. 이 경우 1) 정중하게 대하는 사람에게 굳이 면박을 줄 필요가 있느냐, 2) 어쨌든 질문하는 사람에겐 답을 해주는 것이 합리적 논의와 문제의 개선을 위해 좋지 않겠느냐는 비판이 따른다.

나 역시 2번에 대해서는 원론적으로 동의하는 편이다. 자유롭고 평등한 공론장을 유지하기 위해서는 상대방의 의견을 진지하게 검토하고 반론하는 과정이 필요하다. 하지만 여기엔 함정이 있다. 나는 방금 자유롭고 '평등한' 공론장을 말했다. 그리고 자신과 다른 의견을 만났을 때, 그에 대한 논거를 경청하거나 공부하는 대신 상대에게 자신을 설득할 의무가 있다고 믿는 사람들은 그 자체로 공론장에서 일종의 위계를 형성한다. 그들은 자신이 던지는 질문에 네가 답해보라는 말에, 네가 나를 설득해보라는 말에 이미 불평등한 위계가 전제된다는 것을 간과한다. 남성이 여성에게 너희가 겪는 불평등을 내게 증명해보라 말하고, 이성애자가 동성애자에게 너희의 무고함을 설명해보라고 말한다. 난 들을 준비가 되었다. 난 관대하다. 심지어 젠틀하다. 나는 최고다.

'공부는 셀프'라는 면박은 적어도 이처럼 이미 질문에서부터 평등하지 않은 논쟁 축이 형성된 경우에 상대방의 정중함에 포장된 권력과 실천적 무례함을 폭로하고 엿 먹인다는 점에서 유의미한 발화 전략으로 볼 수 있으며, 기울어진 논쟁 축을 바로잡는다는 점에서 논증의 회피라고 보기 어렵다. 물론 논쟁에서 모르는 걸 솔직히 물어보는 태도 그 자체는 나쁘지 않다. 하지만 질문하기 전에 스스로에게 먼저 질문해보자. 내가 이걸 모르고 있는 건, 혹시 모르고 살아도 아무 문제없던 나의 특권적 위치 때문은 아니었을까. 상대방의 의견과 주장을 제대로 이해할 준비(공부)를 하고 다시 의문을 정리하는 것이 먼저는 아닐까. 이러한 과정이야말로 말뿐인 정중함보다 중요한 공론장에서의 진정한 예의일 것이다. 20170606

+ 2015년 메갈리아의 등장과 함께 확실히 가시화된 소위 과격

한 페미니스트들에 대한 여러 공격과 반론 중 그나마 가장 효과적인 것은, 그런 공격적 태도와 배제가 결과적으로 남성들을 페미니스트로 계몽시키는데 도움이 되지 않는다는 주장일 것이다. 하지만 정말로 그러한가?

남성을 계몽시키는 것이 여성 페미니스트들의 전략과 방법이 될 수는 있을지언정, 그것을 또 다시 여성들의 '의무'로 두는 것은 성 불평등 사회에 대한 남성들의 '책임'을 지워버리는 것은 아닐까. 무지는 죄가 아니라고 하지만, 어떤 무지가 몰라도 되는 권력의 위계 안에서 형성된 것이라면, 그 무지는 투명한 지적 공백이 아니라 '몰라도 되는 힘'으로 가득 차 있다. 그렇다면 이러한 무지로부터 벗어나기 위한 출발은 반성과 부끄러움이거나 최소한 책임감이어야 하며, 당연히 공부 역시 스스로의 몫이다. 아무리 정중한 태도라 해도, 성 불평등의 피해 당사자인 여성들에게 당신들의 피해를 입증해보라고 하는 것, 당신들의 현실을 내가 이해할 수 있는 자료를 가져와보라고 하는 것은 상대방 입장에선 오만방자한 것일 수밖에 없다. 그래서 그에 대한 '공부는 셀프'라는 면박이 그렇게 무례한 것은 아니라고 본다.

권력이 있는 쪽은 굳이 과격한 언어를 쓸 필요조차 없다. 사실 그것부터 불평등이다. 기울어진 공론장을 바로잡기 위해선 기계적 평등의 언어보단, 기울어진 축을 바로 잡기 위한 투쟁의 언어가 필요하다. 공론장 안에서의 합리적 논의가 문제 해결의 방법이어야 한다고 믿는 사람일수록 바로 그 합리적 논의의 토대를 만들기 위한 싸움과 과격함을 쉽게 비난해선 안 된다.

나 역시 사람은 반성하고 개선될 수 있으며, 이것을 인정하지 않는다면 결과적으로 반성하지 않는 사회가 권장되는 것이라고 생각한다.

10년 전에 쓴 《남자 마음 설명서》에서 "콘돔 사용이 섹스의 진정성을 의심하게 만들기 충분하다" 등의 표현을 썼던 것 때문에 사퇴 압박을 받는 탁현민이 정말로 10년 전의 자신을 반성하고 새로운 사람이 되었을지도 모를 일이다. 하지만 나에게 탁현민은 10년 전의 저술과는 상관없이 5년 전 총선 정국에서 "유영철을 풀어 가지고 라이스는 아예 강간을 해서 죽이는 거예요"라던 김용민의 과거 발언에 대해 "그가 한 말이 성희롱이라면 전두환을 살인마라고 하면 노인 학대고 이명박을 쥐새끼라고 하면 동물 학대다"라고 쉴드치던 사람으로 기억된다. 10년이면 강산도 변하고 탁현민도 변할 거라 믿는 이들에게는 미안하지만, 내 눈엔 적어도 5년 전의 탁현민은 10년 전의 탁현민을 반성하지 않은 듯하다.

물론, 현재의 탁현민이 5년 전의 탁현민을 반성하고 바뀌었을 수도 있다. 그럴 수도 있고 아닐 수도 있다. 만약 현재 탁현민을 변호하는 이들의 주장대로 10년이면 사람이 변할 수 있다면, 그 반인 5년의 기간 동안 탁현민은 50%의 확률로 변했을 수도 변하지 않았을 수도 있다. 이 슈뢰딩거의 탁현민을 확인하기 위해 우리는 무엇을 해야 할까. 자연인 탁현민은 반성을 한 것도 안 한 것도 아닌 양자역학의 세계에서 살아도 무방하다. 하지만 공직자로서의 탁현민이라면 다르다. 우리는 슈뢰딩거 사고 실험의 상자를 열고 그가 반성했는지 안 했는지 둘 중 하나의 상태를 확인해야 한다.

지금 탁현민을 비판하거나 사퇴를 종용하는 이들이 탁현민이 반성했을 가능성을 간과하고 있으며 반성하는 문화를 가로막고 있다는 재비판은 그래서 잘못됐다. 탁현민을 비판하는 이들은 슈뢰딩거의 탁현민을 반성하지도 안 하지도 않은 상자 속의 상태로 둘 수 없다고 말하는 것이다. 그렇다면 상자는 어떻게 여는가. 가장 좋은 방법은 사퇴다. 역설적이지만 이것이 상자를 열고 탁현민이 저 반성했어요, 라고 증명할 수 있는 가장 좋은 방법이다. 차선책은 최선책보다 훨씬 부족하지만 자신이 무엇을 잘못했는지 명백히 인지하고 그것을 어떻게 고쳐나갈지 제대로 된 입장문을 내고 또한 지난 5년 동안 자신이 어떻게 변화했는지 자신의 삶 안에서 실증하는 것이다(사실 별 가망 없다고 본다). 마지막으로, 이도 저도 거부한 채 상자를 닫아놓겠다면, 반성하지도 안 하지도 않은 이 의뭉스러운 상자를 청와대가 밖에 던져놓는 방법이 있다. 그 안에서 슈뢰딩거의 탁현민이 50% 확률로 반성과 뻔뻔함 사이에서 살든 말든.

사실 정말 중요한 건 그 상자가 어디에 있느냐는 것이니까.

20170623

+ 하지만 탁현민 당시 청와대 선임행정관이 쓴 건 참회의 입장문이 아니라 《여성신문》에 대한 고소장이었다. 탁현민이 참여한 또 다른 책인 《말할수록 자유로워지다》에서 그는 고등학교 1학년 때 섹스 파트너로서의 중학생을 친구들과 공유했다고 밝혔고 역시 큰 논란이 일어났다. 이에 한 여성이 페이스북을 통해 자신의 십대 시절 성폭력 경험을 '제가 바로 탁현민의 그 여중생입니다'라는 제목과 함께 공유했다. 물론 탁현민에게 실제로 성폭행을 당했다는 것이 아니라, 탁현민이 책에서 자랑스럽게 말한 중학생 여성과의 섹스라는 것이 당사자 입장에서는 이러한 의미라는 뜻에서 단 제목이었다.

문제는 그 다음인데, 《여성신문》은 해당 글의 제목을 포함한 일부를 발췌해 기고문 형태로 게재했고, 탁현민은 이것이 본인에 대한 명예훼손이라며 소송을 진행했다. 1심에서 《여성신문》이 1000만 원손해배상을 하라는 원고 일부 승소 판결이 났다. 독자를 낚는 제목이 될 수 있다는 점에서 원문의 제목을 그대로 달아 논란을 키운 건 아쉬운 일이다. 하지만 적어도 글 전체를 읽는다면 해당 제목이 수사적인 표현이라는 것을 알 수 있으며, 해당 게시물이 착각을 일으킬지언정 탁현민에 대한 허위 사실 유포를 조장한다고 보긴 어렵다. 당장 탁현민조차 문제의 책에서 본인이 말한 10대 시절 성 경험 이야기는 그저 나쁜 남자 콘셉트로 말한 픽션일 뿐이라고 해명했다. 스스로는 자신의 저술에 대해 진짜처럼 말한 가상일 뿐이라며 여성들의 분노에 대한 책임을 피할 수 있다면, 어째서 역시 가상을 전제하고 '탁현민의 그 여중생'의 입장에 대해 말한 게시물에 대해선 1000만 원의 책임이 매겨지는 걸까. 심지어 그는 반론 보도나 정정 요청조차 하지 않고 소송부터 제기했다. 그가 당시 자신에게 쏟아지던 사퇴 여론을 소송 한 방으로 침묵시키려 했던 건 아닌지 충분히 의심해볼 만한 행보다.

하여 저 슈뢰딩거의 상자를 열어보지 않더라도 탁현민이 반성했으리라 추론할 이유는 딱히 없어 보인다. 그럼에도 탁현민이 여전히 청와대 주변에 있다는 건, 사실 그가 제대로 된 반성 없이 의뭉스러운 형태로 존재할 수 있게 해주는 슈뢰딩거의 상자가 사실 청와대 자체라는 것을 보여주는 것 아닐까.

불편함의 변증법, 프로불편러가 상대도 불편하게 만드는 이유

출연 중인 라디오에서 청와대의 탁현민 인사에 대한 비판적인 이야기를 했다. 평소 그 정도 반응이 있는 코너는 아니었는데 그날만큼은 해당 프로그램 게시판에 실시간으로 방송에 비판적인 글들이 줄줄이 달리기 시작했다. 표현의 자유가 있지 않느냐, 옛날에 했던 일에 대해 언제까지 책임을 져야 하냐는 의견들. 탁현민 비판에 동의하는 글은 하나도 없는 상황을 보며 담당 피디는 장난스럽게 "더 세게 나갔어야 했나? 설득이 안 됐나봐"라고 말했고 한참 고민했던 나는 집으로 돌아가는 버스 안에서 "설득하는 게 베스트지만, 불의에 동조하는 사람들의 심기를 불편하게 했다는 것만으로도 의미는 있다고 생각합니다"라고 답했다.

지난 2017년에 썼던 《프로불편러 일기》 에필로그에서 난 이렇게 말했다. "사회적으로 상식처럼 통용되는 어떤 표현이나 담론, 관습에 대해 누군가 불편함을 느낄 때 그 불편함에 대해 성의 있게 논의하지 않으면 그것이 틀렸는지 맞았는지 따져볼 기회조차 없다"고. 이 생각에는 변함이 없지만, 또한 절반의 설명이라는 생각이 든다. 단순히 내가 이것을 불편하다고 생각합니다, 라고 안건을 올리는 것만으로 실질적인 공론화가 되는 건 아니다. 그 다음, 누군가가, 내가 불편하다고 느낀 기존 상식의 입장에 선 누군가가 '나는 너의 불편함이, 예민함이 불편하다'고 나설 때, 비로소 나의 불편함은 불완전하나마 상호 소통의 맥락 위에서 다뤄진다.

사실 기존 질서의 옹호자들이 가장 쉽게 기득권과 질서를 지키는 방법은 침묵하고 무시하는 것이다. 걸그룹의 성적 대상화가 불편합니다, 탁현민과 남성 카르텔이 불편합니다, 부의 세습이 불편합니다, 라는 이의 제기가 있어봤자 상대가 반응하지 않으면 수면에 던진 작은 돌처럼 작은 파장을 일으켰다가 다시 잠잠해질 뿐이다. 그래서 어떤 이들은 더 큰 파장을 만들기 위해 운동을 조직하고 더 강한 액션을 취한다. 하지만 세상에 대한 이견을 가진 이들 모두가 활동가가 될 수는 없는 법이다(나는 발화와 운동을, 입진보와 발진보를 이분법적으로 가르는 것에 동의하지 않지만, 여기서 디테일하게 보충하지는 않겠다). 그렇다면 소위 프로불편러의 외침은 어떻게 판을 흔들 수 있는가. 스스로 꽤 정의롭고 올바르다고 생각했던 자신의 세계에 이의가 제기된 걸 참지 못하는 이들의 반응을 통해서다. 자신이 지닌 기득권에 가해진 한 줌의 비판에 불편함을 느끼고 반박하고야 마는 사람들. 그들을 통해 잔잔하고 평화롭고 꽤 공정하다고 생각되던 생활 세계의 수면 아래에 깔린 그들의 욕망이 뻘처럼 탁하고 덩어리진 실체로 수면 위에 드러난다.

탁현민에 대한 반응을 보자. 누군가는 표현의 자유를 말했다. 여기에는 표현의 자유가 표현에 대한 면책권을 주는 게 아니라는 점, 혐오 표현의 자유가 타인의 적극적 자유를 침해할 수 있다는 점이 간과되어 있다. 중요한 건 그들이 틀렸다는 사실이 아니다. 그들이 내 발언에 불편함을 느끼고 굳이 게시판에 글을 올리는 행위를 통해, 비로소 그들이 공유하고 있던 윤리적 근거가 논박 가능한 형태로 실체화된다는 것이 중요하다.

만약 상대가 나의 불편함을 무시한다면 프로불편러의 외침은 나만의 불편함으로 혹은 같은 불편함을 느끼는 사람들끼리의 공명에 그칠 것이다. 하지만 신발 안의 작은 돌멩이처럼 별것 아니지만 신경 쓰이는 프로불편러의 존재를 통해 누군가는 불편함을 느끼고 결국 말을 내뱉으며 그 말에 대한 일말의 책임을 갖게 된다. 소수의 프로불편러는 그 작은 틈을 놓쳐선 안 된다. 아, 그런 이유였다고요? 그렇다면 이런 오류가 생기는데요? 이 논쟁을 통해 비로소 한 불편러와 세계는 비대칭적이나마 일대일의 싸움을 벌일 수 있다. 원론적으론 오직 논거만을 무기로 하는 싸움. 질 수도 있지만 이 판이 만들어지는 것만으로도 침묵하는 세상보단 한 단계 더 나아가는 것이리라. 이것이, 프로불편러가 세상에 대한 자신의 불편함을 놓치지 않는 동시에, 세상과 남을 불편하게 만드는 걸 주저하지 않아야 하는 이유다. 불편함의 변증법은 이렇게 작동한다. 20170716

+ 공적 논의란 지배적 관념의 내적 모순을 인식하고 극복하게 해준다는 점에서 근본적으로 변증법적이다. 문제는 합리적 토론과 논거의 힘만으로는 결코 이러한 정반합의 역동을 만들어내지 못한다는 것이다. 당장 한국 사회는 합리적 토론 문화의 경험이 부족하며, 물질적 관념적 헤게모니를 쥐고 있는 이들은 굳이 대화의 테이블 위에 앉을 이유가 없기 때문이다. 《조선일보》로 대표되는 수구 헤게모니에 대한 진중권의 20여 년 전 통찰은 지금도 유효하다. "보수성의 집요함은 논리의 튼튼함에서 오는 것이 아니다. 습속(아비투스)이라는 몸의 보수성, 즉 관성의 힘에서 비롯된다."

통념의 관성, 그 물리적 힘 앞에서 프로불편러의 민감함이란 소수의견으로 쉽게 무시되거나 배제된다. 나의 민감함이 관념적 독백이 되지 않기 위해선 상대에게 '인식'되는 것이 우선이다. 하여 공적 논의 안에서의 비판적 글은 일종의 거슬림을 통해 물질적 존재감을 획득할 필요가 있다. 안온한 통념의 세상에 이물감을 줄 수 있는 그런 언어, 무시하자니 뾰족해서 신경 쓰이고 부수자니 생각보단 단단한 그런 언어로.

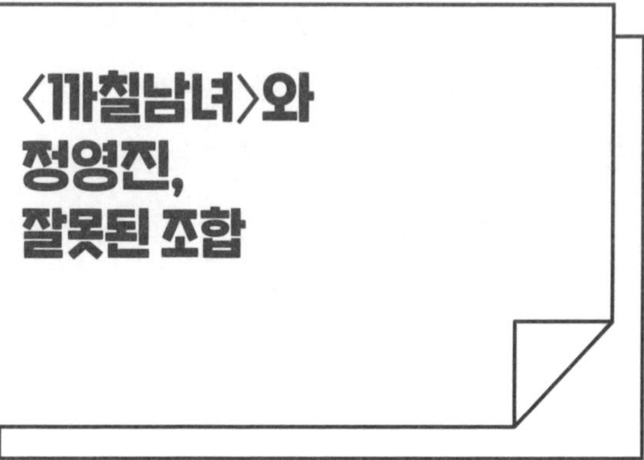

〈까칠남녀〉와 정영진, 잘못된 조합

A/S가 되지 않는 사람도 있다.

젠더 토크쇼를 표방하는 EBS 〈까칠남녀〉는 2017년 7월 10일 '우리 패널 이대로? A/S 특집' 편을 통해 일종의 자체 중간 점검을 했다. 해당 방송에서 스스로 SNS에서 부정적 평가를 받는다고 자조하던 패널 정영진은 약 한 달이 지나 '남자들이여, 일어나라' 편에서 데이트 비용에 대해 "내가(여성이) 이만큼 놀아줬으니까 이만큼(남자가 경제적 보답을) 해줘야 해, 라는 건 넓은 의미의 매춘과 크게 다르지 않다고 본다"고 말했다.

해당 회차에서 남성들이 받는 역차별을 토로하기 위해 나왔던 개그맨 황현희조차 당황할 정도로 높은 수위의 표현에 대해 역시 남성 패널인 봉만대를 비롯한 모든 패널과 MC가 비난했지만 그럼에도 그는 꿋꿋했다. 형식적 유사성만으로 A는 B와 같다고 말하는 것은 논증을 비유로 대체하는 오류고, 패널 손희정이 지적한 대로 "남녀가 동등한 경제력을 갖출 수 있는 조건을 갖추는 게 먼저"다. 또한 해당 발언은 성노동자가 아닌 불특정 다수 여성뿐 아니라 극한 환경에서 말 그대로 인간이 아닌 상품 취급당하며 생존과 실존의 위기를 겪는 성노동자에 대한 모욕이다. 데이트 비용을 성매매와 연결시키는 것부터 논리의 비약이지만, 그 밑에 깔린 '성매매는 여성이 쉽게 돈 버는 수단'이라는 전제부터 명백히 실제 사실과 다르며 여성혐오적이다. 하지만 이러한 반박 앞에서 그가 발언을 철회하고 사과하고 개선할 것 같지는 않다. 다시 말하지만 A/S가 안되는 사람도 있다.

정영진이 〈까칠남녀〉에서 지금껏 했던 위와 흡사한 발언들을 소개하고 비판하는 것만으로도 이 지면을 채우는 건 충분하다. 몰래카메라 문제를 다룬 '내 몸이 떠돌고 있다' 편에선 남성의 성적 욕망을 억압할수록 더 자극적인 것을 찾기 때문에 포르노를 합법화하고 몰래카메라나 미성년자 포르노를 엄격히 규제하는 게 낫다고 했다. P2P로 얼마든지 해외 포르노를 다운받을 수 있는 한국에서 이미 실증적으로도 틀린 전제다. 또한 몰래카메라는 단순히 성욕 이상의 비뚤어진 지배욕 문제이며 남성의 성욕을 당연히 충족되어야 하는 기본권으로 전제하고 전개하는 논변도 잘못됐다. 하지만 문제는 단순히 그가 잘못된 논거에 기댄 실천적 여성혐오 발언을 많이 했다는 사실만이 아니다. 첫 방송부터 지금까지 프로그램 내부에서 그리고 외부에서 비판받고 반박당하면서도 자신의 견해를 조금도 수정하지 않는다는 것이야말로 젠더 토크쇼 패널로서 커다란 결격 사유다. 대화와 토론의 규범적 전제를 무너뜨린다는 점에서 그렇다.

tvN 〈알쓸신잡〉에서 작가 유시민은 정치적 토론에 대해 이야기하며 "논리적으로 부딪치는 두 입장이 있는데 두 입장 사이에서 (의견을) 주고받는 건 불가능하다"고 말한 바 있다. 틀린 말이다. 설령 그것이 경험적 사실에 가까울지언정 더 나은 논증적 주장을 통해 합의에 이를 수 있다는 규범적 기대가 없다면 굳이 논변을 행할 이유도 없고, 사안의 옳고 그름을 따질 이유도 없다. 하여 〈까칠남녀〉에서의 정영진은 단지 좀 더 남성의 입장에서 발언하고 그 안에서 여성 패널과의 합의를 이끌어내는 대화 참여자라기보다는, 방송에서 다루는 사회적 부정의로서의 여성혐오와 여성 차별이란 현상 자체를 부정하는 남성들의 마이크에 가까운 존재다. 이것은 젠더 토크쇼로서의 균형이 아니다. 여성 입장이 다뤄지는 만큼 남성 입장도 들어봐야 한다는 원론적인 이야기는 실제로 이 쇼에서 벌어지는 대립의 근본 문제를 은폐한다. 실제 정영진의 발화가 만들어내는 것은 여성 대 남성의 대립이 아니라, 페미니즘 대 여성혐오의 대립이다. 이것이 과연 동등하게 다뤄질 수 있는 대립일까. 여성혐오라는 세상에서 가장 오래된 편견과 불의 위에서 사회적으로 그동안 묵인돼오던 성별 간 불평등의 문제를 바로잡고 진정한 균형을 만들려는 노력이 페미니즘이다. 진화론과 창조과학 사이의 균형이 기만이고, 역사학과 환단고기 사이의 균형이 기만이며, 정치적 자유주의와 전체주의 사이의 균형이 기만인 것처럼 페미니즘 대 여성혐오 사이의 균형 역시 기만이다. 아무리 프로그램 안에서 여성 패널이 매섭게 반박한다 해도 이미 그 대결 구도를 허용하는 것 자체가 이 둘이 동등하게 다뤄져도 되는 관계인 것 같은 환상을 만들어낸다. 대화 참여자로서 정영진의 문제는 그래서 그런 포지션을 통해 남녀 의견의 균형을 맞추려는 〈까칠남녀〉의 문제이기도 하다.

현재 〈까칠남녀〉에서 정영진의 포지션에 대한 유일하게 의미 있는 변호는 'A/S 특집'에서 정영진의 아내가 해줬다. "(정영진을 통해) 남성들이 어떤 잘못된 생각을 하고 있고 우리가 어떻게 바꿔줘야겠다고 알 수 있게" 만들어주는 것이 그나마 프로그램 안에서 정당화될 수 있는 그의 자리일 것이다. 이것은 정영진의 발언이 잘못된 것이라는 프로그램 안과 바깥의 합의 위에서만 어느 정도 원하는 실천적 효과로 이어질 수 있다.

하지만 실제 프로그램 게시판이나 기사 댓글에서 볼 수 있듯, 오히려 상당수 남성들은 정영진의 논리(라고 이름 붙여도 된다면)에 동조하고 종종 환호한다. 앞서 말한 것처럼 마이크가 되고 증폭기가 될 뿐이다. 이러한 배경 위에서 실제로 〈까칠남녀〉가 증명하는 것은 이처럼 젠더 토크쇼에서 꾸준히 여성혐오적인 발언을 하고 개선하지 않아도 자기 자리를 유지할 수 있는 남성 방송인의 권력이다. 과연 이것이 스스로를 소개하듯 '차별에 화난 남녀들의 용감한 토크쇼'일까.

본인은 그럴 의도가 아니었겠지만, 정영진은 앞서의 'A/S 특집'에서 프로그램을 위해 정말 중요한 제언을 했다. "지금의 기울어진 운동장이 너무 심하고 남녀 차별이 너무 심하니까 이거 얘기하는 프로로 가자고 하면 〈까칠녀〉로 가야죠." 훌륭하다. 남성 페미니스트로서의 역할에 대해 고민하는 서민 교수나 프로그램 안에서 조금씩 인식적 혼돈을 느끼며 변화해가는 봉만대 감독 같은 남성 패널의 유효함이 있겠지만, 사실 젠더 간 불평등에 대해 이야기하려던 〈까칠남녀〉에 필요했던 것이 기계적 성비 균형은 아니었을 것이다. 거의 모든 예능과 토크쇼가 남성에게 마이크를 주는 이곳에서 진정한 균형은, 진정 차별에 저항하는 것은, 여성의 목소리에 좀 더 제대로 힘을 실어주는 것을 통해 가능하지 않을까. 당장 정영진을 비롯한 남성 패널을 정리하라는 주문은 아니다. 다만 이토록 흥미롭고 유의미한 기획임에도 기계적 성비 균형과 의견 균형에 대한 강박으로 쇼 안에서 야만적인 발언이 허용되고 동등하게 다뤄지게 된 것에 대해 제작진이야말로 성찰적인 중간 점검과 A/S가 필요해 보인다. 정영진을 통해 〈까칠남녀〉가 여성들에게 보낼 수 있는 단 하나의 유효한 메시지는 정치적 진보를 자처하는 남성 지식인이라 해도 여성혐오 문제에서만큼은 철저히 보수적이거나 이중적이니 진보 남성이라고 큰 기대를 하지는 말라는 것뿐이다.

물론, 여성들이 그걸 모르겠느냐마는. 20170901

+ 〈까칠남녀〉의 선택을 비판하고 싶진 않다. 한 명의 흔한 한국 남성을 페미니스트로 갱생시키는 과정을 보여줄 수 있으리라는 나름의 낙관이나 의무감 없이 그런 프로그램을 만들 수는 없었으리라고 보기 때문이다. 하지만 결과적으로 정영진은 이후 한 팟캐스트에 출연해 〈까칠남녀〉 제작진과 여성 패널들을 모독했으며, 결과적으로 안티 페미니즘 진영의 유력한 스피커가 되어 MBC 〈100분 토론〉에 출연하게 됐다.

그렇다면 역시 의문이 생기는 것이다. 어느 정도 권위 있는 미디어 안에서 어떤 종류의 헛소리를, 굳이 하나의 의견으로서 경청해줄 이유가 있을 것인가. 그것은 결국 그 헛소리의 구심점을 만들어주는 일이 될 뿐이다. 헛소리엔 딱 그만큼의 대우를 해주는 것만이 공론장을 비합리성의 카오스로부터 지키는 일이다.

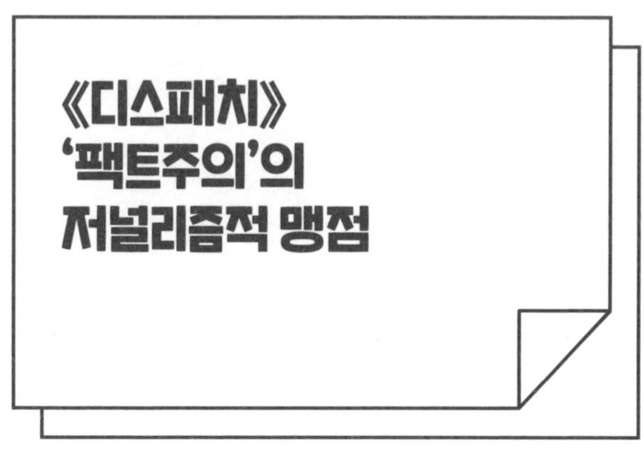

《디스패치》 '팩트주의'의 저널리즘적 맹점

〈남배우 A 성폭행 사건 언론보도 행태 "디스패치에 따르면" 고발한다〉 긴급 토론회 발제문

저는 이번에 《디스패치》 측에서 남배우 A의 성추행 사건에 대해 다룬 '[단독] "디렉션: 미친놈처럼" ○○○ 사건 메이킹 필름 입수'라는 기사, 물론 이것을 기사라고 이름 붙일 수 있을지 모르겠지만, 이 보도를 중심으로 지금껏 《디스패치》가 팩트주의라는 이름으로 정당화한 무분별한 보도 행태에 대한 비판적 입장을 언론계 종사자로서 이야기하도록 하겠습니다.

여기 계신 분들은 잘 알고 계시겠지만 《디스패치》의 모토는 '뉴스는 팩트다'입니다. 베껴 쓰기와 어제 본 TV 프로그램을 요약하는 게 90% 이상을 차지하는 연예 매체들 사이에서 나름 단독 취재를 통해 희귀한 팩트를 발굴해내는 《디스패치》의 역량에 대해선 저 역시 종종 놀라곤 합니다. 하지만 그 역량이 그대로 언론으로서의 역량과 비례하는 것은 아닙니다. 언론의 역량은 보도를 통한 공익의 증진이라는 점에서만 파악할 수 있기 때문입니다. '뉴스는 팩트다'라는 말은 '뉴스는 팩트여야 한다'는 뜻이어야지 '뉴스는 팩트면 된다'는 뜻이어선 안 됩니다.

언론이란 사회적 공익이라는 목적을 위해 인위적으로 만들어낸 사회적 영역이자 조직입니다. 언론은 지금 이 기사에 담긴 정보와 현상에 대한 분석이 독자에게 제공됐을 때 그렇지 않을 때보다 세상의 개선에 도움이 된다는 믿음 위에서 사회적 분업으로서 가치를 가질 수 있습니다. 그것이 아주 짧은 한 줄 스트레이트 기사라 하더라도 모든 보도에는 공익적 목적이 전제되어야 합니다. 소위 공인에 속한다고 해서 그들의 일거수일투족에 대해 접근할 권리를 갖는 것이 아니라, 그들의 사생활을 아는 것이 공적 이익에 복무한다는 것을 증명할 수 있어야 그 접근이 용인될 수 있습니다. 물론 이것은 굉장히 어려운 일입니다. 이것이 공익적인 일인지 판단하기 위해선 무엇이 공익인지에 대한 합의된 기준과 이 사안이 그 기준에 맞는지 맞지 않는지 판단하는 과정이 필요하기 때문입니다. 하지만 어렵고 진지한 성찰 대신 쉽고 빠르게 언론의 보도들에 공익적 가치를 부여해주는, 더 정확히 말해 공익적 가치를 부여해주는 착시를 일으키는 마법의 개념 두 가지가 있습니다. 바로 언론의 자유와 독자의 알 권리입니다. 그리고 《디스패치》의 팩트주의는 이 두 가지 개념에 철저히 의존하고 있습니다.

이번에 《디스패치》가 내놓은 단독 팩트는 남배우 A가 피해자와 함께 찍은 영화의 메이킹 필름입니다. 뒤에 다른 분들이 말씀해 주실 수도 있겠지만 이 보도는 이미 인권보도준칙을 어긴 것입니다. 이 중차대한 문제를 차치한다면, 이미 2심에서 남배우 A에게 처벌이 내려진 상황에서 이 팩트 보도가 허용될 수 있는 공익적 목적은 이렇습니다. '이 메이킹 필름이 남배우 A의 무고함을 증명할 수 있는 증거가 되며, 그 증거를 대중에게 알려야만 잘못된 판결을 바로잡을 수 있다.'

하지만 정작 《디스패치》부터 해당 영상의 컷을 쭉 나열한 뒤에 '메이킹 필름은 스모킹 건이 아니다. 유추할 수 있지만 단정 짓진 못한다'고 발을 뺍니다. 다시 말해 이것이 확실한 증거라고는 말하지 못합니다. 그렇다고 이미 이 영상을 확인한 사법부가 잘못된 판단을 내렸다고 할 만한 다른 결정적 증거를 가져온 것도 아닙니다. 여기서 해당 보도의 정당성은 좌초합니다. 가해자가 무고할 수도 있고 아닐 수도 있지만 해당 상황을 공개하는 것은 자신들의 보도와 영상 공개가 피해자에 대한 2차 가해일 수도 있다는 것을 시인한 것이나 다름없기 때문입니다. 본인들 주장대로 참과 거짓을 가려줄 수 있는 팩트가 아니라면 왜 보도해야 할까요.

여기서 언론의 자유와 독자의 알 권리라는 두 개의 날개가 보조를 맞춰줍니다. 어떤 사안에 대해서든 독자들이 직접 보고 직접 판단할 수 있는 정보를 제공해 알 권리를 보장해줘야 하며, 그 권리를 찾아주기 위해 언론은 자유롭게 취재하고 보도할 수 있다는 것입니다. 이 두 가지에 동의하게 되면, 《디스패치》 같은 언론은 팩트 제공 그 자체로 언론의 공익적 역할을 다하는 셈이 됩니다. 그리고 물론, 이것은 명백히 허구입니다.

많은 경우 언론의 자유를 그 자체로 하나의 보편적인 가치처럼 생각합니다. 그 이유는 이것이 마치 자유라고 하는 인류의 기본권으로부터 연역된 것처럼 보이기 때문입니다. 하지만 조금만 생각해보면 우리는 이것이 허구라는 것을 알 수 있습니다. 언론의 자유, 보도의 자유라고 하는 것이 자유의 가치로 완전히 긍정된다면, 언론이 누군가의 사적 영역을 침범해 대중에게 알리는 것 역시 긍정될 것입니다. 이것은 언론의 자유라는 이름으로 불특정 다수의 자유가 침해된다는 점에서 자유주의적 관점으로도 모순입니다. 언론의 자유는 각각의 개인이 누리는 신체의 자유나 사상의 자유처럼 생득적으로 부여될 수 있는 것이 아니라, 앞서 말한 공익적 차원에서만 허용될 수 있습니다. 가령 언론의 자유가 누군가의 자유를 침해했을 때, 그 침범을 통해 공공의 자유가 명백히 더 늘어난다는 것을 증명할 수 있어야 합니다.

독자의 알 권리 역시 마찬가지입니다. 독자의 알 권리라는 것은 언론의 자유가 그러하듯, 보편적인 권리가 아닙니다. 알 권리가 있다면 당연히 알려지지 않을 권리 역시 있으며, 정보의 평등이 명백히 사회적 평등으로 이어지는 경우에만 우리는 알 권리를 요구할 수 있습니다. 그렇기 때문에 언론인은 알 권리라는 모호한 개념에 의존해 보도를 정당화하는 대신, 독자가 알 필요가 있는 정보와 알 필요는 없지만 독자가 알기 원하는 정보를 구분할 수 있어야 합니다. 하지만 《디스패치》의 수많은 열애설 파파라치 사진에서 알 수 있듯이, 《디스패치》를 비롯한 한국의 수많은 연예 매체는 독자에게 필요한 정보가 아닌, 독자가 원하고 욕망하는 정보를 제공하면서 독자의 알 권리라는 이름으로 정당화하고 있습니다. 이것은 개념의 혼용에 불과합니다. 다시 말해 팩트주의의 당위적 기반이 되는 언론의 자유와 독자의 알 권리는 그 자체로 정당화될 수 없고, 실천적 맥락에서 공적 함의를 가질 때만 예외적으로 허용되는 것이라고 볼 수 있습니다. 언론에는 자유 이상으로 자기 제한의 책임이 따릅니다. 《디스패치》는 이것이 절대적으로 부족합니다. 그리고 더 큰 문제는 그럼에도 팩트주의를 내세워 자신들이 매우 공익적이고 양심적인 언론인 척 한다는 것입니다.

수많은 파파라치 샷으로도 유명하지만, 《디스패치》는 과거에도 공익적인 척 하면서 개인의 인권을 침해했던 적이 있습니다. 가수 B씨의 것으로 추측되는 누드 사진이 타 사이트에 올라왔을 때, B씨의 남자 친구가 자신들에게 해당 사진을 팔려고 했다는 사실을 통화 녹취와 함께 공개했습니다. 본인들은 그런 더러운 제안에 응하지 않았고, 이러한 전말이 있다는 것을 알리는 것으로 언론의 역할을 다했다고 생각했을지 모르지만, 사실 이 보도는 그 사진의 피사체가 B라는 것을 확정 지어버리는 역할을 했을 뿐입니다. B의 남자 친구를 욕하며 시원함을 느끼는 독자들도 있었겠지만 이것이 실제로 세상을 개선시켰다고는 할 수 없습니다.

이런 기만은 이번 보도에서도 반복됩니다. 앞서 이 보도 내용이 참과 거짓, 옳고 그름을 분별할 기준이 될 수 없다는 것을 이야기했고, 《디스패치》 역시 결정적 증거처럼 내세우진 않습니다만, 교묘한 방식으로 마치 이 증거물을 통해 숨겨진 사실을 밝혀내고 남배우 A가 무고한 피해자인 것처럼 기사의 프레임을 구성합니다. 가령 A에 대해 "성추행 배우의 멍에를 짊어졌다"고 기사는 말합니다. 이미 그가 억울한 판결을 받았다는 식으로 암시를 주는 것입니다. 또한 "이 불만은 엉뚱하게 번졌다"라는 서술은 이것이 이 정도로 커질 일이 아니라는 심리적 전제를 깔고 있으며, "증거 없는 진술 싸움"이라는 표현은 피해자의 증언 효력을 깡그리 무시하고 지워버리는 효과를 발휘합니다. 그토록 팩트를 부르짖지만 단단한 팩트 위에서 주장의 당위를 증명해내는 것이 아니라, 사건의 애매함을 강조하는 정보를 불필요할 정도로 잔뜩 노출해 피해자 증언의 신뢰도를 떨어뜨린 뒤에 자신들의 심증을 강조하고 있습니다. 이런 표현을 써도 된다면, 물 타기에 가까운 행동이지만, '단독'이라는 타이틀 때문에 얼핏 사건의 진실을 밝혀줄 새로운 팩트로 억울한 누군가의 누명을 풀어주는 것처럼 보입니다.

그 후폭풍은 엄청납니다. 수많은 언론이 언제나 그러하듯 '《디스패치》에 따르면'이라며 문제의 내용과 주장을 유통하고, 수많은 남초 커뮤니티에선 《디스패치》가 한 건 했다, A의 무죄가 밝혀질 것 같다는 식으로 이야기하고 있습니다. 과거 《디스패치》의 팩트주의가 연예인의 사생활처럼 잘 팔리는 것들을 마치 사회적 의제라도 되는 양 부풀리면서 기사를 상품화했다면, 이번 보도에선 가해자 입장에 유리한 방향으로 팩트를 활용하여 피해자에 대한 폭력에 동참하고 또 부추기고 있습니다. 이것은 공익적이냐 아니냐의 문제를 넘어서는 사회적 해악 차원의 문제입니다.

최근 언론 적폐에 대한 이야기가 많이 나옵니다. 저는 《디스패치》 역시 지난 몇 년 동안 포털의 무책임함과 대중의 욕구에 빌붙어 어느새 커다랗게 누적된 적폐라고 봅니다. 오늘 시작된 논의가 남배우 A 사건 보도 단일 사안에 멈추지 않고 이 적폐를 청산하는 단계로까지 이어지길 바랍니다. 20171027

+ 2017년 10월 25일, 《디스패치》는 2심 유죄 판결이 나온 조덕제 성추행 사건에 대한 증거를 입수했다며 '조덕제 사건 메이킹 영상 단독 입수' 기사를 내며, 마치 성추행 사실을 증명하기 어렵다는 식으로 논의를 이끌었다. 그 파장은 정말로 크고 빨라서, 당일 포털

댓글 란에선 《디스패치》의 특종을 상찬하고, 피해 여성 배우를 비난하는 2차 가해가 벌어졌다. 위의 글은 이러한 여론을 조금이라도 빨리 진화하기 위해 한국여성민우회가 주관한 토론회에 패널로 참가해 《디스패치》의 해당 보도와 팩트주의가 왜 보도로서 가치가 없는지 발표한 것이다.

이후 《디스패치》가 마치 새롭게 발굴한 것처럼 가져왔던 메이킹 영상이 실은 더 긴 분량으로 2심 재판에서 이미 증거로서 채택되고 전문가 의견을 받았으며, 《디스패치》 측에 강제 추행으로 보기 어렵다는 의견을 보냈던 전문가는 이후 추가 영상을 분석해 강제 추행 및 상해로 볼 수 있다는 감정 결과를 냈다.

결국 조덕제는 3심에서도 유죄 판결을 받았으며, 《디스패치》는 1년이 지난 2018년 11월 16일, 해당 기사들을 삭제하고 장문의 사과문을 올렸다. 하지만 그 1년 동안 수많은 남성들과 조덕제 측은 《디스패치》의 기사를 근거 삼아 피해자를 공격했고, 무책임한 언론들 역시 "《디스패치》에 따르면"이라는 말과 함께 그들의 주장을 실어 날랐다. 과연 그들 중 사과하거나 반성한 이들이 있을까. 그럴 양심이 없다면, 《디스패치》의 사과문을 보고 입이라도 다물었으면 좋겠다.

〈까칠남녀〉 은하선의 하차와 교육방송 EBS의 자기 부정

본론부터 이야기하겠다. 은하선 작가의 EBS 〈까칠남녀〉 강제 하차를 반대한다.

2017년 12월 25일과 2018년 1월 1일, 2주에 걸쳐 〈까칠남녀〉 '모르는 형님- 성소수자 특집'이 방영된 이후, 전국학부모교육시민단체연합을 비롯해 동성애 반대를 주장하는 단체 및 개인들이 EBS 앞에서 시위를 벌였고, 〈까칠남녀〉 측은 고정 패널이자 해당 특집에서 바이섹슈얼을 대표해 출연한 은하선 작가를 하차시켰다. 반대 시위 이전에 이미 종영이 결정된 시즌1 마지막 녹화와 두 차례 방영만을 앞둔 상황이었다.

해당 프로그램의 류재호 CP는 은하선 작가가 페이스북을 통해 퀴어문화축제 후원 번호를 〈까칠남녀〉 담당 PD 번호라며 항의하고 싶으면 여기로 문자 보내라고 한 행동에 대해, 범죄로 볼 수도 있다는 말로 하차를 정당화했다. 틀렸다. 은하선 작가의 행동에 단 하나의 잘못이 있었다면 그가 장난과 놀림의 대상으로 삼은 호모포비아들의 사고력을 너무 높게 예상했다는 것뿐이다. #이 붙은 번호를 개인 번호라고 착각할 리 없다는, 그 스스로 바이섹슈얼이자 출연자인 사람이 제작진에게 항의하라고 번호를 공유할 리 없다는 상식 수준의 예측은 맞아떨어지지 않았다. 불필요한 장난이었을지는 몰라도 의도적인 거짓말이라고 보기 어려우며, 이후 은하선 본인이 환불 절차에 대한 안내와 추후 공지까지 약속했다. 류재호 CP에겐 못마땅한 사건이었을지 몰라도, 본인이 그렇게 느꼈다고 어떤 행동이 그대로 범죄 요건을 충족하는 것은 아니다. 이것이 하차의 진짜 이유라면 부실하고, 구실이라면 구차하다. 개인 혹은 집단의 감정에 의존한 도덕적 결단이 도덕적 논증을 대체하며 이 사달이 시작됐다는 점에서 더더욱 문제적이다.

EBS 측의 진짜 의도와는 별개로 혹은 그들 스스로 믿고 있는 의도와는 별개로, 이 사태가 성소수자에 대한 탄압이라는 정치적 의미를 가지게 되는 건 그래서다. 까마귀 날자 배 떨어진 일이냐 아니냐는 문제가 아니다. 왜 까마귀의 날갯짓에 젊은 여성이자 섹스에 대한 담론을 말하는 바이섹슈얼 출연자만이 떨어졌는가, 그것의 포괄적 맥락은 무엇이며 그것이 결과적으로 주는 정치적 메시지는 무엇인지 따져봐야 한다는 뜻이다. 역시 비슷한 시기에 하차가 결정된 정영진 사례와 비교해보라. 그가 한 팟캐스트에 출연해 프로그램과 동료 패널들을 모욕하고 비웃은 건 스스로 프로그램의 가치를 부정한 것에 가깝다. 은하선은 오히려 그 반대다. 성소수자 특집 방영 전부터 부당한 압박이 쏟아지는 상황에서 출연자이자 성소수성의 당사자로서 그에 대해 대응한 것을 하차의 이유로 삼는다면, 그것의 정치적 의미는 침묵의 권장이다. 류재호 CP를 비롯한 EBS 측에선 보수 기독교 단체 및 학부모 단체의 압박 때문에 성소수자 출연자를 하차시킨 게 아니라고 말하고 싶겠지만, 그들의 결정이 주는 메시지는 다음과 같다. 부당해도 싸우지 말라. 성소수자는 튀는 행동을 하지 말라. 이는 EBS 앞에서 반대 시위를 한 이들을 포함해 한국의 호모포비아들이 주장하는 것과 동일하지 않은가.

그래서 은하선 작가의 하차는 〈까칠남녀〉 성소수자 특집의 성취에 대한 방송사 스스로의 자기 부정에 가깝다. 레즈비언을 대표해 〈까칠남녀〉에 출연한 김보미 전 서울대 총학생회장은 "존재가 인정받기 위해서는 존재가 인지되는 게 먼저고 그렇기 때문에 우리들(성소수자)은 더 떠들어야 한다"고 이야기했다. 이것이 공중파가, 교육방송이 해야 할 일이다. 사적인 것으로 간주된 문제가 하나의 정치적 쟁점으로 인정받기 위해선 공론장 안에서의 끊임없는 투쟁이 필요하며, 매스미디어는 공론장의 일원으로서 명료화된 정치적 쟁점을 대중적 의제와 언어로 전파할 수 있어야 한다. 그것이 다채널 및 뉴미디어 시대에 공중파가 존재해야 하는 이유다.

철학자 낸시 프레이저가 정확히 지적했듯 "무시는 심리적 상태가 아니라 제도화된 사회적 관계다". 명백히 존재하는 성소수자가 대중의 시야에 비춰지지 않는다면, 그것은 사적인 무관심의 문제가 아니라 사회 전체가 합심한 정치적 배제의 문제다. 존재 자체를 지우길 강요받는 성소수자를 공론장의 동등한 일원으로 소개한 것이 지난 〈까칠남녀〉 성소수자 특집이었다. 그 방송을 반대한 이들도, 반대하진 않지만 시기상조였다 말하는 이들도, 방송은 좋았지만 방송의 당사자였던 성소수자가 불필요한 장난을 했으니 하차는 어쩔 수 없다고 말하는 이들도, 모두 해당 방송의 실천적 효과를 지우고 다시 사회적 약자에게 침묵을 강요하는 데 동참 중이다.

하지만 또한 바로 그 이유로 이번 사태는 혐오와 차별의 부정의를 해결하는 데 적절한 시기와 적절한 기다림이란 없다는 것을 증명해준다. 가령 문재인 대통령은 지난해 대선 후보 토론회에서 차별금지법에 대해 "차별로 인해 씻을 수 없는 상처를 입는 피해자가 있는 만큼 국가 차원에서 이를 예방하고 바로잡아야 할 필요성에 공감"한다면서도 "사회적 합의를 도출하는 과정이 선행"되어야 한다고 말했다. 절차적으로 옳은 말 같지만, 바로 그 사회적 합의를 도출하기 위한 역할을 하는 것이 참여가 자유롭고 의견이 평등하게 교환되는 공론장이며, 누구든 그 안에서 자신의 의견을 두려움 없이 말할 수 있는 전제 조건이 차별을 금지하는 것이다. 사회적 합의의 출발을 위해 당사자의 목소리를 들려준 공중파 프로그램에 쏟아진 비난과 방송국의 부적절한 대응은, 소수자에게 참여의 동등함을 보장하지 않는 사회적 합의 선행이란 것이 얼마나 허망하고 허구적인지 실증해준다. 실재하는 혐오와 차별의 권력 앞에서 당사자의 목소리를 지켜내지 못한다면 그 공론장은 이미 파산한 것이다.

공론장에서의 합리적 대화가 무너진 지점에서 가능한 것은 불복종운동뿐이다. 이번 사태 이후 손희정, 이현재, 손아람 등 〈까칠남녀〉 패널들은 은하선 작가 하차에 항의하는 의미로 마지막 녹화를 보이콧했고, 해당 녹화는 취소됐다. 글을 쓰는 지금으로선 어차피 2회밖에 안 남은 방송을 취소하고 종영을 앞당길 확률이 높아 보인다. 그때부턴 시청자 차원에서의 불복종운동이 벌어질지도 모르겠다. 하지만 사태가 거기까지 가길 바라지 않는다면, 공중파이자 교육방송으로서의 가치를 증명할 의지를 아직 잃지 않았다면, 한 가지 아이디어를 제안하겠다. 〈까칠남녀〉 마지막 방송에 EBS 류재호 CP와 장해랑 사장, 두 남성이 출연해 최대한 성실히 사과하고, 다른 출연자들의 비판을 경청하며 자신들이 저지른 불의의 실체를 성찰하는 과정을 통해 젠더 토크쇼로서의 교육적 역할을 수행적으로 증명해내는 것이다. 이미 권력을 갖춘 위치의 나이 든 남성이 자신의 과오를 인정할 수 있다는 걸 보여주는 것만큼 방송을 통한 강압 없는 교육의 효과를 잘 보여주는 것은 없을 테니까. 지금 자기 증명이 필요한 건 은하선 작가가 아니라 EBS다. 20180119

+ 시기상조라는 말은 언제나 실천적 반동이 될 위험을 안고 있다. 급작스럽지 않게 모두가 적응할 수 있도록 천천히 변화를 추구하자는 조심스러움 자체를 비난할 수는 없다. 문제는 시기상조라는 말은 그 느린 변화의 첫 걸음조차 가로막기 위해 쓰이는 경우가 태반이란 점이다.

성소수자를 차별하는 것엔 반대하지만 그들이 대중 앞에서 목소리를 내는 건 시기상조고, 부당한 차별로 인한 피해는 없어야 하지만 차별금지법을 만드는 건 시기상조다. 이 얼마나 이상한 논리인가. 급격한 변화는 시기상조고 천천히 변화할 조건을 만드는 것도 시기상조고 그 조건을 요구하는 것도 시기상조라면, 이것은 그냥 멈춰있겠다는 말에 다름 아니다. 마치 날아가는 화살은 멈춰있다는 제논의 역설처럼.

부당한 권력이 실재하는 곳에서, 모든 게 시기상조라고 하는 건 실천적으로 아무것도 하지 않겠다는 뜻이며 아무것도 하지 않겠다는 것은 부당한 권력을 그대로 두겠다는 뜻일 뿐이다. 차별에 반대하지만 차별을 유지하는 조건을 변화시키는 건 시기상조라고 말하는 이들을, 차별주의자로 부르지 않아야 할 이유를 나는 잘 모르겠다.

폭로의 정치학에 대하여

2017년 말 노동 르포 작가 이선옥은 '약자의 폭로는 곧 사실도, 모두 정의도 아니다'라는 글을 본인 블로그에 올린 바 있다. 그는 문단 내 성폭력 가해자로 지목된 두 시인이 무혐의로 처리된 이후, 이러한 폭로와 폭로에 대한 동조(아마도 트위터에서의 RT를 비롯한) 행위에 대해 "3년 내내 반복되고 있는 이런 상황"이라 말하며 이렇게 제언한다. "폭로 내용의 사실관계를 확인하려는 노력 없이 비난에 동참하지 마라."

원론적으로는 동의한다. 또한 글의 제목 그대로 약자의 폭로는 곧 사실도 아니며 정의도 아니다. 이 역시 동의한다. 하지만 이 글이 주장하는 바에는 동의하지 못한다. 원론적으론 옳지만, 진단이 잘못됐기 때문이다. 사람들이 성폭력 피해 호소에 더 귀 기울이고 그의 말을 전파하고 일차적으로 힘을 북돋아주는 건 약자의 말이 곧 사실이고 정의라서가 아니라 약자의 경우 본인의 피해 사실을 의제화할 의사소통 자원이 부족하기 때문이다.

그의 글을 조금만 더 살펴보자. "존재하는 제도를 이용하기보다 인터넷 폭로를 택하고 그 결과는 아무도 책임지지 않고 실제 잘못이 있다 해도 적절한 양형도 없는 대중의 바다에 던지는" 행위는 분명 잘못됐다. 하지만 현실이 실제로 그러한가? 과거의 '○○ 내 성폭력'의 잠재적 힘을 다시 미투라는 단어로 이끌어낸 서지현 검사의 사례를 보라. 누구보다 법과 정의에 민감해야 할 검찰 조직은 해당 사안에 눈 감았고, 그 과정에서 서지현 검사 본인조차 자신이 겪은 일을 정확히 인지하는데 8년이 걸렸다. '한국 여성의 전화'에서 진행한 '#경찰이라더니_가해자인줄' 사례 모음은 어떤가. 이윤택 건도 마찬가지다. 피해자였던 이승비 배우가 피해 사실을 이야기하자 그가 속한 조직이 한 일은 '덮는 것'이었고, 정작 그는 공연을 펑크 낸 사람 취급을 받아야 했다. 고은의 경우도 마찬가지다. 한국작가회의에서 징계 받은 작가가 0명이라는 게 드러내는 것은 무엇인가.

정말로 "존재하는 제도"는 성폭력 피해자들을 위해 제대로 작동하고 있는가? '미친 년'으로 찍히면 그걸로 끝인 각각의 이너서클 안에서 과연 성폭력 피해 여성들의 고발은 어떤 방식으로 가능한

가. 인터넷 폭로가 아닌 존재하는 제도를 이용하는 것이 옳다는, 그 자체로는 당연해 보이는 이야기가, 서지현 검사 사진에 '범죄신고는 112, 8년씩이나 기다리실 필요가 없습니다, 경찰은 3분 거리에 있습니다'라고 자막을 붙여 조롱했던 페이스북 폴리스 위키 페이지의 조롱과 크게 다른 접근인가?

또 인용해본다. "비난의 글을 쓰려는 손가락을 멈추고 당사자의 반론이나 해명에도 귀를 기울이고 폭로자의 주장도 다시 살펴보고 그런 후에 판단해도 늦지 않다. 그 과정을 거치더라도 우리는 충분히 약자의 편에 설 수 있다." 맞다. 모든 시시비비가 다 가려진 후에 말을 얹는다면 분명 실수는 없을 것이며 억울한 무고 역시 없을 것이다. 하지만 모든 시시비비가 다 가려지고 피해와 가해가 명백해진 뒤에야 작동하는 공론장이라는 것은 어딘가 이상하다. SBS 〈그것이 알고 싶다〉 '한샘 내 성추행' 편에 출연해 "침묵하지 않겠습니다"라던 남성들의 선언이 모든 시비가 가려진 뒤 가해자에게 돌을 던지겠다는 뜻이라면 과연 그 선언은 어떤 의미와 실천적 효과를 지닐 수 있는가? 피해자들에게 과연 어떤 도움이 될 수 있을 것인가?

물론 침묵의 실천적 효과가 의문시된다고 해서 폭로가 쉽게 정당화되진 않는다. 그렇다면 어떤 종류의 대의를 통해 폭로가 정당화될 수 있을까? 이 논증엔 꽤 난항이 따른다. 대의의 무게란 거의 대부분의 경우 너무나 주관적이다. 그 무게를 재는 저울로 무엇을 선택해야 할지도 어려운 문제이다. 그런데 사실 이것은 가짜 구도다. 옳은 목적의식으로 잘못된 방식(인터넷 폭로)을 정당화한다는 것 자체가 잘못된 인식이다. 성폭력 폭로는 대의로서 잘못된 수단을 정당화하려는 게 아니라 피해자의 목소리가 제대로 받아들여지지 않는 왜곡된 의사소통 구조 때문에 폭로라는 수단이 동원되는 것으로 보는 게 더 적절하다. 즉 의사소통적 자원 배분의 공정성이라는 측면으로 폭로라는 수단을 정당화할 수 있다.

당장 2심에서 유죄 판결을 받은 배우 조덕제를 보라. 그는 피해자가 소송을 걸었을 때부터 자신과 친분이 있는 언론인과 매체를 이용해 피해자의 평소 행실을 문제 삼는 기사를 내 여론전을 펼쳤으며, 2심이 확정된 뒤엔 이름과 얼굴을 공개하고 수많은 매체를 돌며 자신의 억울함을 호소하는 중이다. 계속 이야기하지만 피해자가 1심부터 2심까지 외롭게 싸울 동안 기사화된 건 20건에 불과하고 그 와중에도 조덕제 친분 언론의 공격이 자행됐지만, 2심 유죄가 나오고 조덕제가 억울함을 호소하자 일주일 사이 500건의 기사가 나오고 특히 《디스패치》는 조덕제 입장을 크게 고려한 기사를 내기도 했다. 만약 1심 무죄 2심 유죄까지의 길고 긴 싸움에서 여러 여성 단체들이 "당사자의 반론이나 해명에도 귀를 기울이고 폭로자의 주장도 다시 살펴보고 그런 후에" 움직였다면 과연 이 싸움은 여기까지 올 수 있었을까?

인용한 글에서는 "진보 언론들은 폭로자가 여성이나 사회적

을의 지위일 때 검증 없이 기사를 쓰고 여성 단체나 운동가들은 이 방식을 지지 지원한다"고 비판한다. 하지만 그들이 그렇게 하는 건 그의 말대로 "사건을 이념에 맞추"기 때문이 아니라 성폭력 피해자들의 호소가 '꽃뱀 논리'에 묻혀버리는 실재하는 왜곡된 의사소통 구조 때문이다. 여성이나 사회적 을은 본인들의 피해와 억울함을 의제화할 자원이 너무나 부족하다. 그리고 이것은 제대로 된 민주주의 사회라면 당연히 공평히 분배되어야 할 자원이기도 하다(물론 이것은 어느 정도 은유적이다. 성별 간 평등한 대우는 분배적 관점으로만 접근할 수 없다. 아이리스 매리언 영의 말대로 "권리는 소유보다는 행위를 가리키며 행위를 가능케 하거나 제약하는 사회적 관계를 가리킨다").

법철학 저서인 《사실성과 타당성》에서 위르겐 하버마스는 페미니즘 법 이론을 다루며 "아무리 맥락에 민감한 법적 규제라 할지라도, 그것이 동시에 정치적 공론장에서 여성의 지위를 강화하고 그럼으로써 정치적 의사소통 형식에의 참여를 확대시키지 않는다면, 자율적인 사적 생활을 위한 평등한 권리는 적절히 구체화될 수 없다. 정치적 의사소통은 평등한 지위를 결정하는 유관 적합한 측면을 명료히 할 수 있는 유일한 영역이기 때문이다"라고 말했다. 그래서 묻고 싶은 것이다. 정말로 한국의 정치적 공론장은 여성들에게 "존재하는 제도"에만 의존해도 될 정도로 피해자의 말에 귀 기울이고 이는 충분히 대중에게 퍼져나가는가? 미투 운동이 시작되자 진보 언론인이라는 김어준이 라디오에서 "한국에는 미투 운동이 없었죠?"라고 되물으며 지난 1년간의 #○○_내_성폭력 해시태그 운동을 듣도 보도 못한 티를 내는 이 사회에서?

간단히 요약하겠다. 당연히 약자의 폭로는 곧 사실도, 모두 정의도 아니다. 그리고 나를 비롯한 성폭력 피해 호소인 연대자들이 그들의 말에 귀 기울이고 전파하는 건, 약자의 폭로가 곧 사실이고 모두 정의라서가 아니라 그조차 없다면 그것이 사실인지 정의인지 가려보기도 전에 묻혀버릴 것을 알기 때문이다. 20180222

+ 미투 운동에 대한 가장 강력하면서도 효율적인 비판 중 하나는 무죄 추정의 원칙에 위배된다는 것이다. 이 비판을 정의감이나 대의라는 주관적인 명분으로 방어하게 되면 언론과 공론장의 공정성은 결국 각 주체들의 진정성 문제로 환원되고 만다. 하지만 이러한 주관주의적인 환원에 빠지지 않더라도, 정치적 공론장 안에서 의사소통적 자원의 불평등한 분배 교정이라는 관점으로 접근한다면 여성들이 폭로라는 방식을 쓰는 것에 대한 필연성은 어느 정도 논증될 수 있을 것이다.

2018년 초 서지현 검사의 검찰 내 성추행 폭로가 한국 미투 운동의 강력한 분기점이 된 것은 단순히 그가 검사로서의 권위를 가져서가 아니라, 이미 존재하는 법적 정의와 제도 안에서의 해결이 현재로선 허구적이란 것을 실증했기 때문이다. 폭로라는 방식이 문제라고 생각된다면, 그 폭로에 연대하는 이들이 무책임하다고 생각된다면, 여성들이 존재하는 제도에 의존하는 것만으로도 충분히 본인들의 목소리를 의제화할 수 있는 성 평등한 공론장을 만드는 게 우선이다. 그러한 노력 없이 원론적인 입장으로 여성들의 폭로와 그에 대한 연대를 비판하는 것은, 결국 실천적으로는 침묵에의 강요에 다름 아니다. 사실 그것이 기계적 평등주의를 외치는 자칭 이퀄리즘의 실체이기도 하다.

윤서인 만화에 대해 우리는 무엇을 할 수 있을까

윤서인에 대해 유의미한 비평을 할 수 있을까?

지난 2월 23일 인터넷 언론《미디어펜》에 연재 중인 '윤서인의 미펜툰'(이하 '미펜툰')에서 그는 김영철 북한 조선노동당 부위원장 방남을 성폭행범 조두순(만화 속에선 조두숭)이 피해자의 집을 방문한 것으로 비유해 그렸다. 피해자에 대한 2차 가해에 사람들은 공분했고 미디어펜은 해당 만화를 삭제했으며, 윤서인에 대한 처벌을 요구하는 청와대 청원이 올라왔고 웬일로 윤서인도 페이스북을 통해 형식적으로나마 사과했다.

본인조차 '아차' 싶었던 이 저열한 묘사를 비판하기란 어렵지 않다. 하지만 또한 바로 그 이유로 윤서인의 만화에 대한 비평적인 개입엔 한계가 생긴다. 최소한의 윤리적 알리바이도 없는 이 얄팍한 텍스트가 왜 불의한지 딱히 길게 설명할 것도 없지만, 무엇보다도 논의의 수준을 바닥으로 끌어내린다는 점에서 불의하다. 문제가 된 회차를 제외하더라도 마찬가지다. 바로 이전에 그린 '침묵' 편에선 2013년 청와대 대변인 성추행 사건 때 목소리를 높이던 여성단체가 최근의 이윤택 성폭력 폭로 건에선 침묵하는 것처럼 묘사했다. 이 역시 최근의 미투 운동과 그 이전부터의 문화계 성폭력 폭로 운동에서 여성 단체들이 얼마나 열심히 활동해왔는지 조금도 모르거나 알고도 외면했다는 점에서 팩트 없는 망상에 가깝다. 과연 윤서인에 대해 청와대 청원을 통해 처벌을 요청하는 것이 적절한 대응인지는 의문이지만, 타당성도 사실성도 포기한 텍스트에 비평을 통한 피드백을 하는 것도 요원하긴 마찬가지다. 웬만한 비판엔 눈도 꿈쩍하지 않는 그의 정신세계를 생각하면 더더욱.

무시와 모욕이 답일까. 어느 정도 그럴 수도 있다. '미펜툰'을 비롯해 과거의 '조이라이드', '자유원샷' 등의 연재물에서 공통적으로 윤서인은 대상을 '내로남불'(내가 하면 로맨스 남이 하면 불륜)로 몰아 비난하는 방식을 사용한다. 가령 2016년 겨울 민중총궐기에 대해 시위대가 경찰 차벽을 부수는 모습을 그려 넣고 '내(시위대)가 하면 착한 폭력'이라 비꼬는 식이다. 물론 경찰의 차벽 자체가 위헌 소지가 다분한 공권력의 폭력이라는 맥락은 싹 지운 자기 입맛대로의 재구성이다. 매우 선동적이지만 그리 교묘하진 않다. 그의 만화가 불쾌한 건 단순한 악의 때문이 아니라 그 악의와 무지를 당당하고 투명하게 전시해서다. 윤서인의 만화는 무시무시한 악의 현현보다는 못생긴 알몸의 과시에 가깝다. 그렇다면 그의 만화에서 부당한 논리로 비난받는 시위대, 여성 단체, 진보 정당 지지자 등을 수세적으로 변호하기보다는 차라리 만화의 민망한 형상을 싸늘히 비웃어주는 것이 나을지 모른다. 여기서 비평의 역할은 윤서인의 텍스트를 부여잡고 성실히 싸우는 것이 아닌, 여기에 논쟁적 가치가 조금도 없다는 것을 증명하고 논의의 장에서 치워버리는 청소부 역할일 것이다.

하지만 이 지점에서 비평은 다시 한 번 한계를 경험한다. 아무리 저열한 텍스트를 앞에 놓고도 비평은 진정한 의미의 청소부가 될 수 없다. 물론 윤서인의 만화가 왜 담론의 장에서 치워져야 하는지 그가 그려온 수많은 에피소드 안에서 증명하며 남은 지면을 채우는 건 어렵지 않다. 그렇게 비웃고 무시하려 해도, 연초의 화재 사고들을 소재로 한 '과묵한 사람들' 편에서 진보 인사들의 '내로남불'을 비난하기 위해 화재 피해 유가족들이 "진실을 인양해주셔야죠"라고 외치는 가상의 장면을 그린 걸 보며 분노하지 않기란 어렵다. 이 에피소드는 앞서 말한 조두순 비유만큼 저열하고 악독하다. 여전히 진실을 인양하지 못한 세월호 유족에 대한 2차 가해이며, 화재 사고 유족의 슬픔에 공감하기보다는 진보 인사에 대한 비난의 도구로 사용했다는 점에서 화재 피해자에게도 모욕적이다. 과거

'조이라이드'에서 안전을 위해선 노란 리본 백 개보다 노란 깜빡이 한 번이 중요하다며 세월호 진실 인양을 위한 시민운동을 모독했던 그가 국가적 재난을 소재로 다루고 다시 한 번 세월호를 인용하는 것이야말로 의심의 여지없는 '내로남불'이다. 일고의 가치도 없다. 그럼에도 상처와 역함과 분노는 고스란히 우리의 몫이다.

윤서인 만화에 대한 비판적인 접근은 그래서 텍스트 분석 너머의 문제로 넘어간다. 앞서 보았듯 조금의 상식만 있어도 그의 만화가 얼마나 부실한 논리로 구성되었는지 간파할 수 있다. 하지만 바로 그 이유로 《조선일보》, 《뉴데일리》, 자유경제원, 《미디어펜》 등을 오가며 꾸준히 연재처를 유지하는 윤서인을 보며 상식의 허망함을 경험하게 된다. 철학자 리처드 로티는 합리주의의 실천적 한계를 다음과 같이 설명한 바 있다. "나는 항상 히틀러를 완벽히 굴복시킬 수 있는 답이 있을까라는 의구심을 버릴 수 없었다. 하늘에 있는 신이 우리 편이라고 한다면 굴복시킬 수 있을까? (중략) 히틀러가 그의 비판자들에게 답하지 않으려 하는 것이 그 자신이 배태되어 있는 의사소통 행위 맥락이 전제하는 것을 반박하는 모순을 야기한다고 하면 히틀러를 굴복시킬 수 있을까?" 다시 말해, 잘못된 신념을 믿는 이를 그의 논리적 모순을 지적하는 것으로 설복할 수 있는가? 물론 윤서인 개인을 설득하거나 굴복시킬 필요는 없다. 다만 비슷한 성향의 독자들을 타깃으로 한 《뉴데일리》나 《미디어펜》 같은 매체가 윤서인을 중용하는 한 그의 헛소리는 상식적인 독자를 괴롭힐 것이다. 그렇다면 무엇이 가능한가?

우선 지난 정권이 그러했듯 정파적 입장으로 억압하는 것은 가장 먼저 제외되어야 할 비민주적인 선택지다. 신념의 문제로 접근할 수 없다는 것도 명백하다. 윤서인에게도 자신이 상식이라는 신념은 있다. '미펜툰' 매 회마다 청와대 청원을 넣을 수도 없는 일이다. 문제가 생길 때마다 신문고를 울리는 방식은 직관적으로도 이상하며, 분노의 동의 숫자가 옳고 그름의 기준이 될 수 없는 것도 사실이다. 상식이 유의미한 사회적 구속력을 발휘하기 위해선 상식과 몰상식의 합의된 기준을 마련할 합리적 공론장과 그렇게 구분된 몰상식을 공론장에서 몰아낼 실질적 힘이 필요하다.

조금 더 구체적으로, 현재 발의된 혐오 표현 규제 법안이 더 보완되어 통과되거나 계류 중인 차별금지법이 입법된다면 어떨까. 이미 앞의 예에서 윤서인이 발화한 여성혐오, 노동자 계급 차별, 유족 비하 등을 찾기란 어렵지 않으며 무엇보다 그는 '본격 동성애로부터 아이들을 보호하고 싶은 만화' 〈니가 꼭 행복했으면〉으로 확실한 동성애 혐오를 드러내기도 했다. 해당 법안이 권고나 조정 수준의 힘만 발휘하더라도 윤서인이나 비슷한 부류의 차별과 혐오 표현 문제를 공론장 안에서 비판적으로 논증하고 의제화한 뒤 담론 영역에서 몰아내는 것은 불가능하지 않다.

건강한 공론장과 차별금지법에 대한 요청은 특정한 정파적 요청이 아니다. 윤서인에게 분노할 만큼의 정서적 민감함과 상식이

통하는 세상에 대한 바람이 있다면, 우리가 가야 할 방향은 꽤 명확하다. 그리고 그 흐름 안에서 비평 역시 공론장의 일부로서 아주 작은 밥값을 해낼 수 있을 것이다. 20180302

+ 윤서인 만화에 대한 비판이기도 하지만, 윤서인 만화에 분노하고 그를 미워하는 이들이라면 차별금지법 정도는 동의해야 마땅하지 않느냐는 이야기를 하고 싶었다. 그가 만화 안에서 보여주는 것들이 불의하다고 생각한다면, 그것을 막기 위한 가장 덜 폭력적이고 합리적인 강제가 무엇인지 궁리한다면 결론은 꽤 명확하다.

지난 2018년 10월, 윤서인은 만화 안에서 故 백남기 농민 유족에 대해 허위 사실에 가까운 모욕을 했다는 이유로 벌금형을 선고 받았다. 당시 재판부는 "공적 인물의 사생활을 언급해 인물을 비난하는 건 인격권 침해"라며 "공적 논쟁에 기여하는 바가 없다"고 지적했다. 이처럼 표현의 자유나 합리적 의혹 제기라는 이름으로 용납될 수 없는 폭력과 가해의 범위를 제대로 설정하자는 것이 혐오 표현 규제와 차별금지법의 요지다. 윤서인을 욕하고 분노하는 것이 무의미한 일은 아니지만 그것으로서 무언가를 바꿀 수 없다면 그 모든 부정적 감정은 현실에 대한 냉소나 무력감으로 이어질 뿐이다.

그렇다면 역시 질문할 수밖에 없는 것이다. 무엇을 할 수 있을 것인가. 그런데 그 방법이 이미 준비되어 있다면? 질문은 변환될 수밖에 없다. 왜 하지 않고 있는가.

강신주, 채사장, 그리고 상식의 문제들

얼마 전 서점에서 우연히 강신주 작가가 2014년 발표한《매달린 절벽에서 손을 뗄 수 있는가?》라는 책의 뒷표지에 적힌 프롤로그 일부를 보고 내가 최근의 인문학(철학) 열풍에 대해 느낀 찜찜함의 이유를 조금 더 구체적으로 인식할 수 있었다. 불교의 화두 개념을 현대적인 의미로 재해석했다는 이 책에서 그는 다음과 같이 말한다. "상식으로 풀 길이 없는 화두를 동아시아 사람들은 왜 만들었던 것일까요? 그건 상식을 넘어가려고 했기 때문입니다. 상식을 뜻하는 영어 단어에 주목해보세요. 커먼 센스common sense! '공통된 감각'을 의미하는 말입니다. 아버지나 어머니, 삼촌이나 이모, 혹은 친구들과 비슷하게 생각하고 느끼는 것이 바로 커먼 센스, 즉 상식입니다. 상식을 맹목적으로 신뢰하고 살아가고 있다면, 자신만의 삶을 영위하고 있다고 할 수 없지요."

그의 이러한 접근은 스무 살 이후 여전히 나를 사로잡고 있는 다음의 질문 앞에서 매우 미심쩍게 느껴진다. 과연 지금 동시대의 한국에 실재하는 여러 실존적 생존적 문제들은 상식을 넘어서는 용기 있는 개인들이 부족해서 발생하는가, 아니면 시민사회 안에서 충분히 합의되고 공유된 상식이 부족해서 발생하는가. 공통의 감각이 사유의 자유를 억누르는 게 문제인가, 상대도 나와 같이 피와 살로 이뤄졌으며 고통을 싫어하는 인간일 거라는 공통된 감각이 충분히 생활 세계 안에서 규제된 힘을 발휘하지 못하는 게 문제인가. 나는 아무리 생각해도, 아무리 동시대 한국을 관찰해보아도, 후자라고 생각할 수밖에 없는 것이다.

물론 잘못된 통념이 있을 수 있다. 그것을 뛰어넘어 더 타당한 규범을 실현시킬 필요도 있다. 하지만 그것이 과연 불교적인 의미의 깨달음으로 상식을 넘어서는 일인가? 오히려 시민사회 안에서의 논의를 통해 타당성 주장을 검증하고 상식을 재구성하는 일이 필요하지 않은가? 가장 가까운 미투 운동을 보자. 여기에서 필요한 건 여성의 성적 대상화라는 남성들의 잘못된 통념을 벗어나는 일이기도 하지만 또한 남성과 여성의 동등한 논의 구조 안에서 여성을 그 자체의 인격으로서 존중해야 한다는, 상식을 재구성하는 일이다. 필요한 건 상식을 뛰어넘기 위한 개인적 구도가 아니라 각기

다른 주체들이 서로 합의할 수 있는 공통의 타당성 모색이다.

기본적으로 구도와 깨달음이라는 것은 그것이 아무리 숭고하더라도 근대적 도덕철학의 관점으로 보면 다분히 '의무 초과적'인 것이기도 하지만, 실제 현실에서 비춰보더라도 세상의 모든 상식에 도전하는 용기보다는, 김어준이 〈더 플랜〉에서 주장하는 K값 따위의 요설을 치우고 상식을 복원하는 것이, 차별금지법 같은 기본 인권 규범을 시민사회의 상식으로 만드는 것이, 지금 동시대 한국에서 철학이 할 수 있는 실천적으로 더 의미 있는 일처럼 보인다.

하버마스는 이론과 실천의 문제에 대해 논하며 "조직된 학문(과학) 연구 체제에 한쪽 발을 계속 담그고 있고자 하며, 과학의 오류가능주의적 의식을 버릴 수 없는 철학은, 손에 열쇠를 쥐고 있는 자와 같은 자세를 버려야 하며, 보다 덜 극적인 방식으로 생활 세계의 계도에 힘을 다해야 한다"고 말한다. 이것은 분과 학문으로서의 철학의 한계를 인정하는 겸손한 사유이기도 하지만, 또한 "철학자들이 보다 더 포괄적이고, 그 틀이 보다 더 정확히 한정되고, 역사적으로 더 잘 입증된 영향력 행사의 가능성을 갖는 것은 전문가와 의미 매개자의 역할보다는 근대 사회의 공적인 자기 이해 확보 과정에 참여하는 지식인의 역할을 취할 때"라는 현실 인식에 근거한 것이다. 이것은 앞서 말한 지금 동시대 한국에 정말 필요한 것, 실재하는 문제를 해결해줄 수 있는 것이 무엇이냐는 것에 대한 내 생각과도 비슷하다. 지금의 한국에서 철학은, 아니 정확히는 대중적인 영향력을 갖춘 철학 저술가들의 글은 실재하는 문제를 해결하기 위한 시민사회 안에서의 협업에 종사하기보다는, "손에 열쇠를 쥐고 있는 자와 같은 자세"를 보이고 있다.

《열한 계단》 이후의 채사장에 대해 불신하는 이유도 이와 비슷하다. 자신의 지적 여정을 담은 이 에세이에서 그는 자신의 마지막 열한 번째 계단에서 사후 세계에 대해 다루며 "우리가 이 세상에 온 이유는, 현시대가 구획지어 놓은 과학과 학문이라는 영역 안에 머물며 거기서 인정받기 위해서가 아니다. 우리는 신기한 것들을 만나고 놀라워하며 삶의 의미를 풍부하게 이해하기 위해 이 세상에 왔다. 합리주의라는 근현대의 기준 안에 당신의 드넓은 영혼을 구겨 넣지 않기를 바란다"고 말한다. 여기엔 실제 인류의 역사에서 각 개인의 인식과 사유의 자유를 억눌러온 것이 근대의 합리주의가 아닌 전근대의 비합리주의와 종교적 맹신이었으며, 현재 우리가 누리는 의견과 사유의 자유가 비합리주의와의 투쟁으로 얻어낸 근대의 선물이라는 역사적 맥락이 지워져 있다. 흥미로운 건 채사장도 강신주도 세계 앞에 선 외로운 주체라는 이분법적 구도 안에서 삶의 지혜와 의미를 다분히 구도적인 관점(채사장은 여행자의 영혼, 강신주는 화두와 깨달음)으로 다룬다는 것이다.

채사장은 "자신의 주관적 판단과 사회 공동체의 객관적 판단을 구분해서 다루지 못하고, 끊임없이 자신의 주관적 판단을 사회 공동체의 객관적 판단에 종속시키려는 사람들이 있다. 이들은 자신의 생각이 사회가 규정한 정답과 다를까 봐 전전긍긍한다"며 그로부터 벗어나 자유롭게 사유할 것을 요구하며, 강신주 역시 "무언가에 의존한다는 것, 그건 우리가 그것에 좌지우지 된다는 말입니다. 스스로 말하고, 행동하고, 나아가야 합니다. 아무리 도움이 되는 것이라도 그것이 외적인 것이라면, 어느 순간 반드시 우리는 그것을 버려야 합니다"라고 말한다. 여기서 상식과 규범은 주관과 대비되는 외적인 객체로 나의 의지와 상관없이 외부로부터 주어지는 것으로 규정된다.

하지만 이 이분법은 다분히 허구적이다. 상식이라는 것은 객관적인 것이 아니라, 나와 공동체 간에 상호 주관적인 합의로서 존재하는 것이다. 생활 세계에서의 상식은 단순히 나에게 부과되는 것이 아니라 이를 통해 너도 좋을 수 있고 나도 좋을 수 있다는 합의 모델을 통해 타당성을 확보한다. '옳음'의 개념 자체가 합의 가능한 타당성이다. 물론 바로 그 상식을 의문시하고 재고하고 재구성하는 것 역시 외로운 개인으로서가 아니라 의사소통 행위를 통해 가능하다. 충분한 개인화는 충분한 사회화와 함께 이뤄진다는 역설은 여기에 있다. 바로 그 개인의 자유로운 삶이란 상호 인정의 공동체적 맥락 위에서 가능하다.

그럼에도 강신주와 채사장이 본인들의 저작에서 독자에게 요구하는 덕성이 내가 생각하는 공동선과 상식, 규범들과 아주 크게 다를 거라 보진 않는다. 당연히 그들도 개인에게 악덕을 실행할 용기와 자유를 요구하진 않는다. 하지만 그렇다면 질문할 수밖에 없는 것이다. 왜 굳이 상식과 공동선과 합리주의적 토대와 사회적 합의를 무언가 부차적이고 우리를 억압하는 기제인양 멸시하며 자신들의 주장을 전개하는가. 나는 여기서 최근 인문학 열풍의 기만적인 면이 드러난다고 본다. 인문학은 자연과학이 자연을 연구하듯, 인간을 연구하는 하나의 분과 학문이며 각각의 인문학 분야와 또한 오랜 시간 눈부시게 발달한 자연과학과도 협업할 수 있는 학계의 일원일 뿐이다. 이러한 자기 제한적 입장이 인문학, 더 정확히는 철학이 할 수 있는 일을 축소하는 것은 아니다.

하지만 대중 저술과 강연에서 인문학과 철학은 끊임없이 자신의 특수성과 유일무이함을 강조하는 방식으로 인생의 답을 줄 수 있는 예지자적인 태도로 자신의 시장가치를 과잉 생산하고 있다. 이런 분위기 속에서 사회적 계몽과 합리주의적 재구성의 문제는 낡거나 오히려 해가 되는 것처럼 치부된다. 그래서 다시 한 번 묻고 싶은 것이다. 과연 그래서, 지금 이곳 2018년의 한국에 실재하는 문제들은 상식과 합리주의의 억압으로 발생하는가, 사회적 합의의 부재로부터 오는가. 철학의 실천적 힘은 사유의 참신함이 아닌 현실 인식의 적실함에서 온다. 20180311

+ '문사철'이라는 말로 통칭되는 인문학이 얼마나 인기 없는 학문이었는지 떠올리면, 강연 인문학을 통해 소위 인문학 열풍을 만들

어낸 대중적인 저술가들의 활약은 결코 폄하되어선 안 될 것이다. 문제는 그들이 인문학 혹은 철학을 일종의 만병통치약처럼 '판매'할 때 생긴다.

어느 순간 인문학이 분과 학문으로서의 구체성과 전문성을 잃고, 21세기를 지배할 통찰력의 원천이나 삶의 비밀을 밝혀줄 열쇠처럼 신비화될 때, 이미 그것은 지식으로서의 학문 영역을 벗어나게 된다. 인문학의 신비화는 그래서 인문학에 대한 경시와 연결되어 있다. 두 방식 모두 인문학의 경험적이고 논증적인 지식으로서의 가치를 지워버리기 때문이다. 위 글에서 예를 들었듯, 인문학의 신비화가 합리성과 상식에 대한 거부의 형태로 등장하는 건 우연이 아니다.

사변적 말장난을 벌이기 위해선 합리적 논증 대화의 토대를 치워버려야 한다. 그 현란한 말의 쇼로 정신을 못 차리게 만든 뒤 만병통치약을 파는 모습은 그래서 과거 어떤 직업을 떠올리게 한다. 예전엔 그런 이들을 약장수라고 했다.

황교익의 독선과 포퓰리즘 인문학의 한계

황교익이 또?

지난 11일 방송된 EBS 〈질문 있는 특강쇼- 빅뱅〉에 출연한 맛 칼럼니스트 황교익은 단맛의 위험성에 대해 경고하며 "텔레비전에 좀 뚱뚱한 아저씨가 나와서 음식을 하는데 컵으로 설탕을 막 퍼 넣는다"며 우회적으로 백종원을 비판했다. 그는 백종원에 대해 "공공 매체에서 설탕을 퍼 넣으면서 '괜찮아유'라고 한 사람은 없었다. 최초의 사람"이라며 그가 결과적으로 "설탕에 대한 (먹고 싶지만 자제해야 하는) 스트레스를 한방에 해결해준 사람"이며 "많은 청소년들이 그 선생에 대해 팬덤 현상을 일으키고 있는 이유가 이것 말고 다른 것으로 설명할 길이 없다. 나는 이 일을 사회적 현상으로 읽는다"고 주장했다. 지난 2일 본인의 SNS를 통해 SBS 〈백종원의 골목식당〉에서의 막걸리 블라인드 테스트가 조작일 가능성을 주장하고 논란이 일어난 지 열흘도 채 되지 않은 시점이다. 하지만 이를 두고 황교익의 백종원 저격이 반복된다고만 이야기하는 것은, '황교익이 또?'라고 접근하는 것은 오히려 그가 현재 방송을 중심으로 하는 공론장에서 펼치는 해악을 축소할 수 있다.

맛 칼럼니스트 황교익에 대해서는 별로 할 말이 없다. 그것은 나의 전문 분야가 아니며, 그가 맛과 음식에 대해 항상 맞는 말을 하는 건 아니더라도 그의 전문성을 존중하기 때문이다. 하지만 그가 스스로를 음식으로 인문학을 하는 사람으로 규정하고 음식을 매개체로 잘못된 가설을 유포하며 그에 대한 지적 권위를 요구하는 것에 대해서는 할 말이 많다. 그 자체로서도 문제지만 이것이 최근 가설적 이야기가 지적 논의를 대체하는 어떤 경향성을 상징적으로 보여주기 때문이다.

당장 위의 방송에서 그가 백종원을 비판하고 그에 대한 신드롬을 분석한 것을 보자. 그는 백종원이 공공 매체에서 최초로 설탕에 대한 죄책감을 없애준 사람이며 그것이 백종원 팬덤의 핵심이라고 본다. 설탕을 과도하게 섭취하면 건강을 해치는 것도 사실이고, 백종원이 설탕을 이용해 맛의 빈틈을 잡아내는 것도 사실이며, 백종원의 쉽고 빠른 요리 레시피가 많은 이들의 호응을 얻은 것도 사실이다. 하지만 이 세 가지 사실이 하나로 연결되기 위해서는 다양한 교차 검증이 필요하다. 설탕의 과도한 섭취는 위험하다. 그렇다면 백종원의 등장 이후 한국인의 당 섭취가 위험한 단계로 올라갔는가? 닭볶음탕에 설탕 세 숟가락을 넣는 백종원의 사람 좋은 미소와 설탕 여덟 티스푼이 들어간 청량음료 광고에서 청량함만을 강조하는 광고 모델의 산뜻한 이미지 중 무엇이 더 단맛에 대한 경각심을 해제하는가? 정말로 백종원 신드롬은 10대만을 중심으로 생겨났는가? 황교익의 가설은 꽤 그럴싸하지만 이런 질문들에 대해 책임감 있는 답변을 해주진 않는다. 아니 더 정확히는 이들 질문 앞에서 쉽게 좌초할 정도로 허술하다. 하나의 이야기로는 재밌지만 검증에 취약한 가설을 우리는 전문용어로 '구라'라고 부른다.

황교익의 진짜 문제는 백종원을 저격한다는 것이 아니라 그의 방식이 김어준과 흡사하다는 것이다. 특정 정치 팬덤이 주장하는, 그 둘이 특정 정치인을 지지한다는 따위의 정치적 음모론을 말하려는 것이 아니다. 김어준은 영화 〈더 플랜〉에서 후보 간 득표율과 미분류표에서의 후보 간 득표율이 동일해야 한다(해당 비율을 뜻하는 K값이 1에 수렴해야 한다)는 가정 아래 그것이 같지 않다는 것을 근거로 2012년 대선에 개표 조작이 작동됐다는 거대한 '구라'를 유통한 바 있다. 많은 이들이 반박했듯 후보 간 득표율과 미분류표 득표율이 동일해야 한다는 전제 자체가 잘못됐으며(이는 2017년 대선에서 실증적으로 증명됐다) 잘못된 전제를 근거로 입맛에 맞는 정보만을 취합했을 때 그것은 군데군데 팩트가 끼워 맞춰진 소설에 불과하다.

황교익이 퍼뜨린 수많은 말, 말, 말도 마찬가지다. 분유를 먹고 자란 세대가 단맛에 중독됐다는 그의 주장에는 분명 두 가지 팩트가 존재한다. 모유보다 분유를 많이 먹고 자란 세대가 있으며, 그들이 단 음식을 좋아하는 것도 사실이다. 하지만 두 사건 사이에는 시간 인접성이 있을 뿐 논리적 인과까지 증명되는 건 아니다. 당장 다른 가설도 가능하다. 그 어느 때보다 식료품이 풍족해진 시대에 분유가 모유를 대체하며 같은 맥락에서 소비문화가 확장하면서 해당 세대가 더 많은 단맛의 유혹에 노출되었다고 볼 수도 있다. 가설은 누구나 만들 수 있다. 중요한 건 어떤 가설이 더 믿을 만하냐다. 가설을 진정 믿을 만한 것으로 만드는 것은 해당 가설에 들어맞는 팩트의 조합이 아닌, 상충되는 가설에 대한 검토 및 논박이다. 김어준이 그러하듯, 황교익도 이 부분에서 책임감 있는 모습을 보여준 적이 없다. 하버마스가 《진리와 정당화》에서 설명했듯 "누군가가 거짓으로 밝혀지게 될 견해를 가지고 있다고 해서 그 자체로 그 사람이 비합리적인 것은 아니다. 비합리적인 사람은 자신의 의견을 논증할 수 없다는 것을 앎에도 불구하고 자신의 의견을 독단적으로 주장하고 고수하는 사람"이다.

하지만 이것을 황교익만의 문제고 황교익만이 책임질 일이라 말할 수는 없다. 저널리스트 박권일은 김어준에 대해 '서사 과잉'이라고 적절히 비판한 바 있는데, 현재의 방송 환경에서 지식인들은 서사과잉의 유혹에 빠지기 쉽다. 앞서의 〈질문 있는 특강쇼- 빅뱅〉을 비롯해 O tvN 〈어쩌다 어른〉 이후 등장한 수많은 인문학 강연쇼는 연단 위의 강사에게 절대적 권위를 요청하는 동시에 부여하며, 이런 유혹 앞에선 꽤 현명한 전문가들도 자기 제한의 미덕을 잃는 경우가 많다. 가령 황교익은 tvN 〈수요미식회〉에서 떡볶이를 맛있게 느끼는 것에 역사적 사회적 맥락이 있다고 말하는 것에 그치지 않고 "떡볶이는 맛없는 음식"이라고 말한다. 여기엔 엄청난 논리의 점프와 서사 과잉이 동반된다. 마찬가지로 우리는 박학다식한 사회 탐구 영역 강사 최진기가 어느 순간 '인문학 종결자'라는 타이틀로 등장해 조선미술사를 다루다가 남의 작품을 장승업의 작품으로 상찬했던 걸 기억한다. 이후 잠시 방송에서 하차했던 그는 같은 프로그램에 다시 등장해 무려 인공지능에 대해 강연했다. 〈더 플랜〉이란 거대한 음모론을 주장하던 김어준은 지상파 시사 프로그램 MC로 발탁되기도 했다.

서사 과잉엔 언제나 권위의 과잉이 동반된다. 최근 몇 년간의 예능 인문학과 지식인의 방송 진출은 당의정을 입힌 지식의 인기보다는, 지식의 권위를 덧입힌 '구라'의 인기로 보는 게 더 적절해 보인다.

과거 황교익은 "백종원을 디스하는 게 아니라 아무 음식에나 설탕 처바르면서 괜찮다고 방송하는 게 과연 정상인가 따지는 것"이라며 "그놈의 시청률 잡는다고 언론의 공공성까지 내팽개치시지는 말라"고 했다. 사실 이 말은 그를 비롯해 방송을 누비는 유사 인문학자들과 그들의 지적 오류에 관대한 방송사들에 더 유용하다. 그대로 인용하자면 이들 방송은 아무 말에나 지적 권위를 처바르는 중이다. 마찬가지로 황교익은 그동안 백종원의 설탕에 대해, 식당의 갖은 양념(다대기)에 대해 음식의 맛을 획일화한다고 비판해왔지만 정작 그야말로 자신의 주관적 독선에 대해 인문학이라는 이름의 비법 양념을 뿌려 대중에게 팔아치우고 있는 건 아닐까.

그는 이번 강연에서도 자신이 단순히 맛에 대해 이야기하는 것이 아니라 "한국인이라는 인간 집단에 대해서 나름대로 분석하고 관찰을 하며 의미를 도출해 이야기한다"고 말했다. 시도는 좋지만 그것이 단 음식과 OECD 자살률 1위를 연결시키는 무책임한 가설로 이어진다면 인문학이나 문화 연구라는 수식은 안 쓰는 게 나을 것이다. "아무도 말하지 않기에 나라도 불편한 이야기를 해야 한다"는 과잉된 비장함이야말로 설탕만큼 뇌를 마비시키는 맛이다. 듣는 사람에게도, 우선 본인부터도. 20181020

+ 이 글을 쓴 이후에도 황교익은 유튜브 〈황교익 TV〉를 개설한 뒤 백종원과 그의 팬덤, 그리고 설탕에 대한 비판을 멈추지 않았다. 하지만 그의 비판이 성립하기 위해선 1) 한국인의 당 소비가 위험 수준인가, 2) 한국인의 당 소비가 백종원 등장 이후 늘어났는가, 3) 2가 충족된다고 해도 거기에 시간 인접성이 아닌 명백한 인과가 존재

하는가 등의 질문에 답할 수 있어야 한다. 백종원이 단맛에 대한 경계를 풀어줬기에 팬덤이 공고해졌다는 주장도 마찬가지다. 그렇다면 백종원의 인기 요인 중 1) 요리에 대한 자신감을 키워주는 특유의 교수법과 2) 어떤 음식에 대해서든 막히지 않는 해박함에 대한 신뢰라는 요소보다 '슈가 보이'라는 요소가 더 크다는 것을 입증해야 한다.

다시 말해 황교익은 지식인이자 비평가로서 본인이 져야 할 입증 책임을 놀랍도록 회피하면서 화만 내는 중이다. 이것이야말로 지식인이 가담하는 반지성주의일 것이다.

TV 토론 프로그램은 어떻게 '가짜 논의'에 오염되는가

"(차별금지법이 제정되면) 이 토론회 자체가 허용이 안 됩니다."

지난 10월 27일 방영된 KBS 〈엄경철의 심야토론〉(이하 〈심야토론〉) '성소수자와 차별금지법'에 차별금지법 제정 반대 패널로 출연한 조영길 변호사는 해당 법안이 동성애에 대한 반대 의견을 침묵시키는 "동성애 독재주의"라며 이렇게 말했다. 차별금지법이 제정되어도 직접적이고 반복적인 괴롭힘과 차별 행위를 하지 않으면 사법 처리 대상이 되지 않는다는 점에서 거짓말이다. 또한 "동성애 독재"의 근거로 제시된 '외국에서 동성애는 죄라고 설교했다가 잡혀갔다'거나 '동성애 케이크 제작을 거부한 이가 벌금 폭탄을 맞았다'는 사례는 이미 타 언론을 통해 극우 개신교발 '가짜 뉴스'로 밝혀진 바 있다. 토론의 기본 태도가 거짓말을 하지 않고 사실로 확인된 경험 자료에 기초하는 것이라면, 이 토론은 누구의 의견이 더 옳은지 따지는 것조차 민망한 수준이다.

하지만 모든 문제를 차치하더라도, 조영길의 위 발언엔 일말의 진실이 담겨 있다. 그의 말대로 이 토론은 허용되어선 안 됐다. 이 주제의 〈심야토론〉에 그 같은 패널이 출연한다는 것 자체가 토론이라는 행위에 전제되는 근본 가정들을 무너뜨리기 때문이다.

토론이란 자유롭고 평등한 위치에 선 대화 주체들끼리 다른 외부적 힘에 의존하지 않고 오직 논거 제시를 통해 주장의 정당성을 증명하는 과정이다. TV 토론회가 양측 패널의 합의로 이어지는 경우는 거의 없지만, 그럼에도 토론 행위란 각 발화 주체의 지위를 차별하지 않고 오직 더 나은 논거에 대한 구속력을 가정해야만 작동할 수 있다. 이것은 우리가 합리적 대화를 통한 합의를 문제 해결의 방법으로 정하는 순간 불가피하게 받아들여야 하는 전제다. 법철학자 로베르트 알렉시는 《법적 논증 이론》에서 이렇게 말한다. "노예 상태와 같은 권리 부재 상태를 유지하는 것은 이성 규칙과 조화될 수 없다. 모든 사람은 언제든지 모든 규범을 상대로 논증 대화를 통한 심사를 요구할 수 있는 권리를 가져야만 한다. 이를 배제하는 규범은 허용될 수 없다. 이러한 규범은 논증 대화적으로 불가능한 규범이다." 성소수자 반대자는 결과적으로 성소수자를 권리 부재의 상태로 규정한다. 그들은 성소수자가 성소수자임을 공적 차원에서 밝히지 말라는 요구를 한다. 이것은 내용으로도 문제지만, 알렉시의 말대로 논증적 대화 형식에서는 성립 불가능한 규범이다. 즉 토론의 근본 가정을 부정하는 입장이다. 성소수자의 존재를 인정하는 것은 사회적 합의의 결과가 아니라 사회적 합의의 조건이다.

물론 차별금지법 반대 패널들은 교묘하게, 오히려 차별금지법이 자신들을 권리 부재의 상태로 만든다고, 반대 의견을 낼 토론의 자유를 보장받지 못하게 된다고 주장한다. 말장난이다. 가해자들이 가장 역겨울 땐 그들이 피해자의 자리까지 선점하려 할 때다. 그들의 말을 요약하면, 차별할 권리를 주지 않는 것도 차별이라는 것이다. 하지만 불합리한 주장을 차별적으로 배제하는 것 역시 합리적 토론의 전제 조건이다. 충분한 논거에 기초하지 않고 특정 종교의 교리나 개인의 불쾌함만을 근거로 타인의 기본권을 제한하자는 따위의 주장을 조기에 탈락시키지 못하고 한 시간 동안 의무적으로 들어줘야 한다면, 토론은 합리적 문제 해결 행위가 아닌 '아무말 대잔치'가 될 뿐이다.

이것은 이번 방송에서는 패널 섭외와 논쟁 구도의 문제였지만, 또한 그것만의 문제는 아닌 듯하다. 당일 방송 중 시청자 유료 문자 참여에선 "일반 국민입니다. 퀴어 축제 보고 싶지 않은 자유는 누가 보장해주는지요" 같은 내용이 전파를 탔다. 일반 국민으로서의 본인과 성소수자를 분리하고, 존재할 자유와 자기가 안 보면 그만인 축제를 안 볼 자유를 같은 무게로 놓는다는 점에서 차별적 언사다. 성소수자 입장에선 폭력적 언사라 해도 될 것이다. 이건 그 시청자만의 잘못일까. 100원만 내면 어떠한 논거도 없이 자신의 혐오와 차별적 태도를 심지어 지상파에 전시할 수 있다. 책임질 필요도 없다. 이 역시 토론의 최소 규범을 무너뜨리는 행위다. 〈심야토론〉은 그걸 허용해준 셈이다. 다시 말해 해당 방송의 수많은 부분은, 심지어 토론 주제와 상관없이 방송에 포함된 몇몇 장치들마저 토론 프로그램으로서의 존재 이유를 부정하고 있다.

사실 이러한 TV 토론의 문제는 논쟁에 대한 심각한 오해에 기반하고 있다. 줄리언 바지니는 저서 《가짜 논리》의 '팽팽한 균형은 왜곡을 부른다' 챕터에서 "나는 토론의 '균형'이라는 게 결국 모두에게 의견을 개진할 똑같은 기회를 부여하고, 각 진영에서 제일 선명한 입장을 소개하는 수준일 때가 빈번하다는 사실을 깨닫게 됐다"고 비판적으로 술회한다. 바지니의 통찰처럼 양극단의 주장을 소개하는 게 균형이라는 착각은, 어떤 한쪽이 극단적이라는 이유만으로 들을 가치가 있는 것 같은 착시를 만들어낸다. 하지만 학교에서 진화론만 가르쳐야 되는가, 라는 토론 주제에서 창조론자나 지적 설계론자에게 한 자리를 줘도 될까? 5.18 광주 민주화 항쟁 보상 문제에 대한 토론에 5.18은 북한군이 개입한 내란 폭동이라고 믿는 논객을 섭외해도 될까? 야당의 입장을 들어봐야 한다고 홍준표를 섭외할 필요는 없다. 팽팽한 균형에 대한 집착은 토론에 가장 적합

하지 않은 의견을 시청자에게 소개하는 결과를 낳을 뿐이다.

지난 7월 '남혐 VS 여혐 – 위험한 이분법'이란 제목으로 진행된 MBC 〈100분 토론〉이 이런 함정에 빠진 사례다. 한국 내의 젠더 갈등(이 표현부터 마치 평등한 차원에서의 싸움이 이뤄진다는 착시를 내포하지만)을 다룬다고 해도 페미니즘의 기본 전제, 즉 누구도 생득적 이유로 차별받아선 안 된다는 당위 명제, 여성은 그 생득적 이유로 다양한 차별과 혐오에 노출되어 있다는 사실 명제 정도는 공유한 패널끼리, 그럼에도 불구하고 어떤 방식의 싸움은 서로 지양해야 한다는 방향으로 논의를 진행할 수 있었을 것이다. 하지만 〈100분 토론〉은 EBS 〈까칠남녀〉에서 데이트에 대한 경제적 보답을 바라는 여성의 행동이 "매춘과 다를 바 없다"고 말해 물의를 빚고, 심지어 팟캐스트에 출연해 여성 패널과 제작진에 대해 뒷담화를 했던 방송인 정영진을 패널로 섭외했다. 아무런 전문성도 없지만 그저 여성혐오에 복무한 남성이라는 이유로 한 자리를 얻게 된 것이다. 이것은 논의의 왜곡을 부를 뿐이다.

지상파에 TV 토론 프로그램이 있는 것은, 그것이 민주주의 사회에서 공익을 위한 장치가 될 수 있다는 믿음 때문이다. 보수 개신교도들이 성소수자를 혐오할 권리를 주장하고 정치권을 압박하는 것처럼, 다수결은 언제든 저급한 파워 게임이 될 수 있다. 민주주의가 단순한 '쪽수' 싸움이 되는 걸 막기 위해선, 언론과 방송은 절차적 합리성이 보장된 토론을 통해 유의미한 논의를 이끌어내고 시민들에게 더 나은 주장을 채택할 기회를 제공해야 한다. 그것이 공론장의 역할이며, 우리가 늦은 밤 졸음을 참고 TV 토론 프로그램을 보는 이유다. 여기엔 공적 논의를 위한 필터링이 반드시 필요하다. 하지만 더욱 중요한 건, 합리적 논의 기준을 마련하지 못하고 적절한 논의 구도를 구성하지 못한다면, 그 필터는 얼마든지 가짜 논의로 오염될 수 있다는 점이다. 20181102

+ 2018년 하반기부터 '가짜 뉴스'라는 개념이 사회적 화두로 떠올랐지만, 개인적으로는 굉장히 명백한 팩트 오류인 '가짜 뉴스'보다 의견이란 말로 별의별 주장이 다 의미 있는 것처럼 통용되는 '가짜 논의'가 더 큰 문제처럼 느껴진다. 오류를 잡아내기 더 어렵다는 점에서 그렇다.

자유롭고 평등한 공론장의 이념은 종종 차별주의나 가짜 지식, 논거 없는 직관을 자유롭게 던져도 된다는 식으로 받아들여진다. 하지만 바로 그 자유롭고 평등한 공론장의 이념은 권위나 권력, 다수결에 쉽게 흔들리지 않는 합리적 토론을 위해 존재하는 것이다. 그리고 그 전제를 위협하는 비합리적 관점과 폭력적 언어를 걸러내는 것이 건강한 공론장을 지켜내는 방법이다. 또한 그것이 '가짜 논의'로부터 우리를 지키는 방법이기도 하다.

다른 게 아니라 틀린 겁니다

3.
웃자고 하는 얘기에
죽자고 달려들기

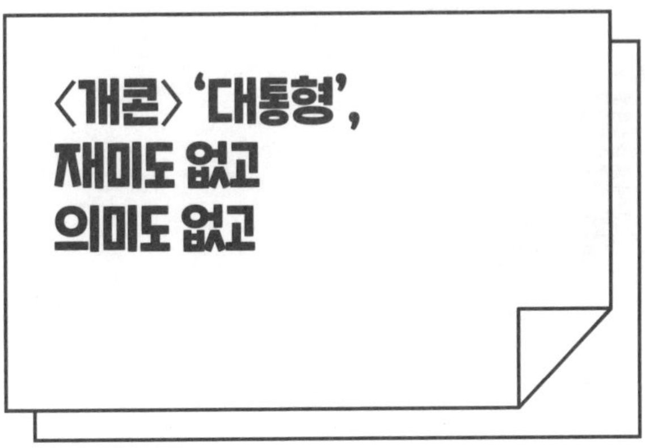

〈개콘〉 '대통형', 재미도 없고 의미도 없고

"병신년이 가고 2017년 정유라가 왔습니다."

최근 문제가 되어 당사자가 사과했던 모 국회의원의 트위터 발언이 아니다. 그보다 하루 전인 1월 1일 KBS 〈개그콘서트〉(이하 〈개콘〉) '대통형' 코너에서 대통령 서태훈이 읽은 대국민 신년사다. 명백하게 탄핵 소추된 박근혜 대통령을 겨냥한 이 말에 포함된 장애인 혐오, 여성혐오의 맥락을 2016년이 끝난 지금 더 설명할 필요는 없을 것이다. 이것은 저열한 개그다. 하지만 해당 방송에 대해 다수의 연예 매체는 '사이다', '날선 풍자' 같은 호의적 평가를 남겼다. 안일한 리뷰다. 저열함과 안일함이 더해지는 상황에서 퇴행하지 않기란 어렵다. 시국 풍자 개그를 표방하는 지금의 '대통형'이 그렇다.

위에서 인용한 에피소드에서 청와대에 출석한 조여옥 대위와 그를 감시하는 듯한 이슬비 대위의 모습을 패러디한 것처럼, '대통형'의 시국 풍자는 기본적으로 박근혜—최순실 국정농단을 밝히는 과정에서 나오는 황망한 팩트들을 거의 그대로 차용한다. 대통령이 피곤하다고 하면 국무총리 유민상이 백옥주사, 마늘주사 등 다양한 주사를 꺼내들고, 총리에게 간만에 '카톡' 메시지가 와서 확인하면 국민들의 비난 메시지인 식이다. 이에 더해 당시 새누리당 소속 국회의원 이은재를 패러디한 창조경제부 장관은 갑론을박이 벌어질 때마다 "사퇴하세요!"를 외친다. 이것은 '대통형'보다 앞서 시국을 풍자하던 코너인 '민상토론 2'에서 유민상의 퀴즈쇼 우승에 대해 "문고리 3인방으로부터 문제 유출" 의혹을 제기하던 것과 비슷한 패턴이다. 웬만한 상상력과 개그 센스로도 따라잡기 힘든 현실의 재료를 있는 그대로 활용하고 싶었던 걸까. 이 정도면 상을 타겠지 하고 자기들끼리 깔깔대고 짠 대학교 오리엔테이션 조별 콩트 수준의 게으른 패러디는 그 자체로도 문제지만, 결과적으로 정치 혐오에 복무한다는 점에서 더 문제적이다.

대통령과 내각의 무능함을 보여주는 것이 정치 혐오는 아니다. 중요한 건 무능함의 본질을 짚어내느냐, 무능함을 놀리는 데 그치느냐다. 가령 〈심슨 더 무비〉에서도 대통령이 된 아놀드 슈왈제네거의 멍청함을 마음껏 조롱한다. 다만 여기엔 현실 정치에서 그를 주지사까지 오르게 한 정치적 포퓰리즘에 대한 비판이 깔려 있다.

자신의 인기와 터프가이 이미지에 집착하느라 마을 폐쇄와 핵무기 사용에 거리낌 없는 근육질 바보 대통령에 대한 묘사는 포퓰리즘에 속지 말라는 강력한 경고다. 국내 코미디로 눈을 돌리면 과거 KBS 〈유머1번지〉 '꽃피는 봄이 오면'에선 콜레라 발생에 대해 '콜레라는 전형적인 후진국 병이기 때문에 우리를 선진국이라 생각하고 가해지는 자유무역 압박에 대한 방어 논리로 쓰자'는 방역 당국의 모습을 그려내면서, 당국의 무능함을 비판하는 동시에 그들의 그럴싸한 변명의 패턴을 비틀어 이것이 얼마나 정치적으로도 후진적인 상황인지 더욱 선명히 밝혀냈다.

무슨 일만 있으면 국민을 종북으로 모는 '대통형'의 유민상 총리(현재는 권한대행) 역시 현실의 부조리를 지적하고 싶었을 것이다. 하지만 국론 분열은 북한에게만 좋은 일이라는 논리가 수십 년 동안 강력한 힘을 발휘하던 사회에서 "평양냉면 좋아해도 종북이냐"는 비판은 실제 수구 세력의 종북 및 반공 논리에 어떠한 타격도 가하지 못한다. 이 부조리가 어떻게 가능했는가, 라는 질문이 빠진 부조리 비판이나 희화화는 어떤 날선 표현을 쓴다 해도 결과적으론 허수아비 화형식이 될 뿐이다. 무능하고 부패한 정치인의 이미지를 비웃고 치운다면 당장은 후련할지 모르지만 정작 '정치는 무엇을 해야 하느냐'는 질문은 증발한다. 이것이 정치 혐오다.

'정치는 무엇을 해야 하는가', '정치적으로 올바른 것은 무엇인가'라는 질문이 빠진 자리를 채우는 것은 결국 표현의 강도다. 한국 예능 프로그램의 낮은 인권 감수성을 감안하더라도 앞의 '병신년' 발언은 이와 무관하지 않을 것이다. 이것은 방송의 건전성 문제이기도 하지만 그보다 더 본질적인 문제이기도 하다. 그래서 과연, 이것이 재밌나? 권력 잃은 대통령을 소재 삼아 놀리거나 비판할 수 있다. 다만 그들은 정작 이렇게 무능하고 나쁜 대통령에게서 권력을 빼앗아 풍자 개그 하기 좋은 날을 만들어준 광장 민주주의와 성숙한 정치 의식에 대해선 놀라울 만큼 무지해 보인다.

이제 시민들은 이게 다 대통령 탓이다, 이게 다 정치인 탓이다, 라고 말하는 대신 각각이 원하는 삶의 모습을 구체적인 정치적 구호와 참신한 깃발로 표현하고 정치인과 동료 시민과 언론에게 요구한다. 풍자든 비판이든 욕이든 더 나은 세상을 만들기 위한 당위와 전망 위에서만 정당화된다는 사회적 합의 역시 좁은 범위에서나마 조금씩 이뤄지고 있다. 이처럼 정치적으로 성숙해져가는 시민이자 시청자들 앞에서, 세월호 유족에겐 또 다른 트라우마로 남을 올림머리 미용 90분을 그대로 개그 소재로 쓰고 새해부터 '병신년' 소리나 하면서 정말 재밌거나 통쾌하길 바라는 걸까.

이것은 권력이 무너진 지금에야 나온 뒤늦은 풍자가 아니라, 지금이기에 나와선 안 되는 퇴행적인 자기만족일 뿐이다. 20170109

+ 이 글을 쓴 2017년 1월로부터 1년 전, 민주노총은 2016년 병신년丙申年을 비하의 의미로 사용하지 않겠다고 성명을 낸 바 있다.

성명에서 민주노총은 "여성인 박근혜와 병신病身을 엮어 '병신년'이라는 조롱이 적지 않다"며, 이것은 "장애인과 여성을 비하하는 말"이며 "악의 없는 비유라도 상처받는 이들이 있다면 버리고 피할 수 있으면 다른 방법을 찾는 게 길"이라고 주장했다. 동의한다.

풍자가 권력자를 향해 올려치는 주먹이라면, 그것은 통렬한 만큼 정확한 위치를 겨냥해야 한다. 무능함에 대한 비판이 장애인에 대한 비하로, 여성 정치인에 대한 혹평이 여성혐오로, 정치권력에 대한 비아냥거림이 정치 자체에 대한 냉소로 이어진다면, 그것은 실패한 풍자이며 실패한 개그고 실패한 웃음이다. 사이다는커녕 김빠진 단물만도 못한 그런 개그.

〈아빠본색〉과 〈인생술집〉, 솔직함은 면죄부가 아니다

채널A 〈아빠본색〉은 제목 그대로다.

아빠들이 나오고, 본색을 드러낸다. 독설가인 김구라는 아들인 동현과의 오랜 유대로 맺어진 허물없는 친분과 애정을 과시하고, 육아와 가사에 꽤 열심인 주영훈은 어느 정도 큰 첫째보단 아직 어린 둘째에게 좀 더 집중하며 웃는 모습을 보여주며, 아내와 나이 차가 꽤 많은 이한위는 아내의 애교에 무덤덤한 일상을 공개한다. 자잘한 희비가 엇갈리는 리얼리티 쇼의 흔한 풍경일지도 모른다. 하지만 '자식을 뒷바라지하느라 자신을 숨기고 살았던 아빠들이 드디어 본색을 드러낸다'고 소개하는 이 프로그램은 출연자들에게서 사회적 자아 뒷면에 숨겨진 썩 보고 싶지 않은 본색까지 끄집어내는 듯하다.

최근 SNS에서 화제가 된 2월 1일 방영분에서 주영훈은 아내 이윤미의 장점으로 남자들의 세계를 이해해주는 것을 꼽았다. 그가 말한 남자들의 세계는 "파트너(여성들) 나오는 술집"에서 남자들끼리 노는 것이다. 아내가 용인해준다는 것이 여성과의 스킨십을 돈으로 구매하는 행위의 도덕적 흠결을 가려주는 건 아니다. 그럼에도 함께 출연한 배기성과 윤정수는 이윤미의 '배려심'에 대해 엄지를 치켜들었다. 순식간에 세 명의 남자가 본색을 드러냈다.

역시 솔직한 토크를 강조하는 tvN 〈인생술집〉은 솔직함의 망령에 사로잡힌 또 다른 사례다. 근본적으로 〈인생술집〉의 포맷은 술에 어느 정도 취해야 숨겨둔 본심이 나온다는 오래된 명제에 기대고 있다. 최근의 새내기 특집에서 출연자들의 술에 얽힌 에피소드와 개인기 만들기의 어려움에 대해 듣던 MC 신동엽은 "솔직하게 얘기해주니까 재밌네"라고 말한다. 하지만 게스트들에게 솔직함을 강박적으로 요구하는 MC들이 환호하는 것은 결국 성에 대한 솔직함이 드러날 때뿐이다. 배우 윤진서가 서핑을 좋아한다는 것 자체에 호기심을 갖고 질문하기보단 서핑하러 간 곳에 멋진 남자가 많다는 고백을 이끌어내고서야 MC들은 비로소 의미 있는 발언이 나왔다는 반응을 보인다.

물론 19금 토크쇼의 수위 자체를 문제 삼을 수는 없다. 문제는 술을 마셔서라도 경계를 풀고 솔직하게 이야기하는 것을 강박적으로 추구하는 중에 정작 경계를 늦추지 않고 지켜야 할 예의나 정치적 올바름이 부차적이거나 거추장스러운 게 된다는 것이다. 신동엽은 게스트로 나온 양요섭에게 '몽정돌'이라는 별명을 붙여줬다. 양요섭 본인은 괜찮다고 했지만, 언제나 경계선에 서서 아슬아슬하면서도 재밌는 성인 농담을 하던 신동엽치고는 너무 직설적이고 무례한 말이었다. 같은 날 출연한 유준상이 아내와 '복종의 날'을 만들어 논다는 말에 MC 김준현은 미래의 아내가 바니걸 코스튬 플레이를 해주면 좋겠다던 친구 이야기를 꺼냈다. 각자가 성적 판타지를 갖는 건 문제가 아니겠지만, 노골적인 성적 대상화를 미래의 동반자에게 투영하는 것이 어떤 부분에서 위험하고 실질적인 해악이 될 수 있는지 〈인생술집〉은 세심하게 고려하지 않는다.

이들 프로그램의 모습들이 JTBC 〈아는 형님〉으로 대표되는 여성을 대상화하고 희롱하며 낄낄대는 '남초 예능'의 범주에 속한다는 건 자명하다. 다만 〈아는 형님〉이 캐릭터 쇼의 외피로 자신들의 말과 행동을 정당화한다면, 두 프로그램은 솔직함을 미덕 삼아 출연자들의 발언을 여과 없이 노출한다. 즉 전자가 재밌자고 하는데 뭐 어때, 라는 입장이라면 후자는 내가 그렇게 산다는데 뭐 어때, 라는 입장이다. 그 안에서 〈아빠본색〉 출연자들은 '파트너 나오는 술집'에 가는 걸 남자들의 세계로 정당화하거나(주영훈), 아내의 애교를 "역겨울 정도로 애교가 많다"고 표현한다(이한위). 고정 출연자는 아니지만 주영훈에게 놀러왔던 배기성은 과거 주영훈이 곡을

준 사연을 이야기하며 하나는 남자답고 하나는 "계집애 같은 거"라고 한다. 솔직한 리얼 라이프라는 전제 아래 솔직한 무례함, 솔직한 아무 말, 솔직한 저열함이 그대로 전파를 탄다. 앞서 주영훈의 술집 발언에서 〈아빠본색〉은 이윤미의 배려를 칭찬하듯 "오올"이라는 방청객 효과음(심지어 여성들의)을 넣었다. 자신들이 찍은 누군가의 삶을 도덕적으로 모니터링 할 능력이나 의지가 없다고밖에 볼 수 없다. 마찬가지로 언제나 아슬아슬한 탁재훈은 〈인생술집〉에서 라붐 멤버 솔빈의 여권 사진을 보고 놀리며 "베트남에서 똑같은 여자 봤어"라고 말했다. 다분히 인종차별의 혐의가 있는 발언이다. 하지만 〈인생술집〉 역시 각자의 경계심이 풀리고 다른 토크쇼에서 들을 수 없는 코멘트가 나오면 그걸로 만족이다.

얼마나 솔직한가, 얼마나 진심인가, 얼마나 진정성 있는가. 약 10여 년 전 예능을 지배한 리얼 버라이어티의 시대 이후 중요하게 취급된 '리얼함'이라는 모호한 덕목은 리얼리티 쇼인 〈아빠본색〉과 토크쇼인 〈인생술집〉에서 각각의 방식으로 노골적으로 강조된다. 그것이 왜 필요한지에 대한 고민은 없다. 대체 시청자가 어떤 이들이 감추지 않고 드러내는 바닥을 왜 보아야 하는가. 그리고 용기 있게 과오를 고백하면 격려 받을 일이 되는가. 〈인생술집〉에서 아이가 울 때 자는 척하다가 아내에게 들켰다는 배우 박성웅의 사연은 남자들끼리 하하호호 공감하고 떠들 일이 아니며, 소위 남자들의 세계라는 것을 인정해줘 좋다던 주영훈이 원래 많이 놀아본 아빠들이 딸에게 보수적이라고 말하는 것을 아빠의 긍정적인 본색으로 봐줄 수도 없다.

솔직함으로 그 외의 것을 퉁치는 분위기에서 깊이 있는 사고와 조심스러운 배려, 정련된 말을 보기란 더더욱 어려워진다. 재치와 아무 말 사이의 경계도 무너진다. 그 끝은 일종의 밀실 살인극 엔딩처럼 보인다. 모두가 사라지고, 오직 솔직함만 남았다. 20170316

+ 한국 사회에서 기괴할 정도로 높은 평가를 받는 미덕은 솔직함과 진정성인 것 같다. 거짓을 말하지 않는 것, 자기 나름대로 좋은 의도를 갖는 것은 나쁘지 않다. 하지만 그것이 그대로 결과적인 선으로 받아들여질 수 있는 건 아니다. 옳고 그름에 대한 평가는 상대방과의 상호 주관적인 소통의 영역에서 결정되는 것이지 자기만족적인 좋은 의도로부터 도출되는 것이 아니다.

상대방의 입장에 서서 고려해보는 역지사지 능력이야말로 인간의 고도화된 지성과 도덕성의 근간이다. 역지사지를 결여한 채 솔직하게 말하겠다는 건 그냥 최소한의 필터링 장치를 떼고 아무렇게나 말하겠다는 뜻일 뿐이다. 혹시라도 그런 사람을 마주칠까봐 겁나는데, 왜 그걸 TV에서까지 봐야 하는 걸까.

홍상수의 한심한 남자들

"남자들 다 병신 같아요."

홍상수 감독의 신작 〈밤의 해변에서 혼자〉에서 주인공 영희(김민희)는 오랜만에 만난 남자 선배 명수(정재영)에게 이렇게 말한다. 유부남 감독인 상원(문성근)과의 만남에서 받은 스트레스로 잠시 한국을 떠나기도 했던 영희에게 남자란 어떤 존재였을까. 하지만 그 어느 때보다 여성 주인공이 극의 중심이 되는 〈밤의 해변에서 혼자〉에서 남성들은 등장 자체가 적다. 우둔함을 드러낼 기회도 적다. 아마도 그 꼴도 보기 싫은 남자란, 홍상수가 그동안 그려온 남자상에서 힌트를 얻을 수 있지 않을까. 그것이 메타적인 풍자이든 기만 섞인 자기 고백이든 홍상수가 꾸준히 그려온 못난 남자들의 모습은 지금 영희의 심정을 이해할 힌트인 동시에 그동안의 홍상수 영화를 정리하는 하나의 방법이 될 수 있을 것이다.

〈돼지가 우물에 빠진 날〉의 효섭(김의성)

직업: 소설가

여자관계: 자신의 팬이자 애인인 민재(조은숙), 유부녀인 보경(이응경) 사이에서 양다리.

사랑을 갈구하는 대사: (보경에게) 내가 뭐 하나만 물어봐도 돼? 너 남편이랑 섹스 하니? 하지 말라는 이야기가 아니고. (보경 화내며 나가려 함) 보경아 잠깐. 보경아 들어와 봐 좀. 잠깐만. 제발 좀. 보경아. 나도 미치겠다. (중략) 어떨 때 정말 견딜 수 없어. 네가 다른 남자랑 살 부빈다는 게 말이야. (보경: 사랑해요. 당신만 사랑해.) 사랑해. 다시는 그런 거 안 물어볼게.

그의 장광설: (한식집 종업원과의 시비로 즉결 재판을 받으며) 검사님, 저는 나름대로 평생을 바쳐 글을 써왔습니다. 그리고 대학 강단에도 선 적이 있습니다. 저는 한 번도 반사회적인 행동을 하거나 부도덕한 일을 한 적이 없는 사람입니다. 하지만 이번 경우는 정말 어쩔 수 없이 그럴 수밖에 없던 경우입니다. (중략) 변상구라는 사람은 저랑 대학을 다닌 제 선배입니다. 문인이고요. 그런데 우리 둘이 문학에 대해 토론하고 있는데 왜 고기 굽는 사람이 끼어듭니까. 제가 드리고 싶은 말씀은 아무리 세상에 돈이 중요하다고 하지만 제가

단지 잘 팔리지 않는 소설가라고 저를 무시할 권리는 그 누구에게도 없다는 겁니다. (검사: 구류 5일.)

〈생활의 발견〉의 경수(김상경)

직업: 연극배우

여자관계: 자신의 팬인 명숙(예지원)을 만나 관계를 맺고, 경주행 기차에서 만난 선영(추상미)에게 끌린다.

사랑을 갈구하는 대사: 정말로 이런 식으로 행동하는 거 처음입니다. (중략) 그냥 저 말씀드릴게요. 선영 씨 보고서요, 선영 씨가 얼마나 예쁜 사람인지 얘기하고 싶었습니다. 선영 씨는요, 저에게 정말 예쁩니다.

그의 장광설: (선영의 남편 앞으로 쓴 대자보) 당신의 위선과 기만과 비겁을 여기 심심하게 고발한다. 당신의 이름과 직업과 겉모습이 당신이 아님을 눈치챈 당신의 처가 당신 아닌 다른 남자에게 쓴 편지를 붙여둔다.

〈여자는 남자의 미래다〉의 문호(유지태)

직업: 대학 강사

여자관계: 선배 헌준(김태우)의 애인이었던 선화(성현아)를 짝사랑했었고 현재 아내와 딸이 있음.

사랑을 갈구하는 대사: (헌준을 데리고 선화 집에 가서) 사실은 내가 오고 싶었어요. (선화: 왜요? 심장이 고장나셨어요?) 글쎄 뭐 눈도 오고 하니까 감상적이 됐나 봐요.

그의 장광설: (헌준과의 술자리에서) 지금 룸살롱 있잖아, 여대생이 반은 넘거든, 70%는 넘을 거다. 노동하는 건 힘든데, 진짜 노동은 싼데, 우리나라 순결 의식 때문에 여자 몸값이 너무 비싸. 우리나라 남자들도 섹스를 너무 좋아하고. 할 게 없으니깐. 진짜 문화라는 게 없잖아.

〈극장전〉의 김동수(김상경)

직업: 영화감독

여자관계: 선배 감독의 회고전을 보러 왔다가 우연히 마주친 배우 영실(엄지원)에게 사랑을 고백함.

사랑을 갈구하는 대사: 돈도 한 푼 없어서. 지갑을 잃어버렸어요. 담배만 남았어요, 지하철 탈 돈하고. (영실: 제가 돈 좀 꿔드릴까요?) 그럼 좀 빌려주십시오. 영실 씨, 그거 그냥 놔두시고요, 실은 제가 심장이 고장 난 것 같습니다. 술 한 잔만 사주실래요. 부탁드릴게요. (심장이 고장 나셨어요?) 네, 영실 씨가 정말 천사 같아서요. 왜 웃으세요. 정말 이상형입니다.

그의 장광설: 출연하신 영화가 제 얘기예요. (중략) 죽으려고 여관 간 거. 약 나눌 때 한 알씩 나눈 거 다 제 얘기예요. 죽기 바로 전에 눈 내린 거, 말보로 피우려고 했는데 못 피운 거, 그거 다. (영실:

말보로 레드는 참 좋은데. 그게 자기가 한 얘기구나.) 그건 제가 얘기한 건 아닌데요, 내가 만날 그 형 옆에서 그 담배만 피웠거든요. (중략) 저 그 형한테 정말 영향 많이 받았어요. 내가 하고 싶어 하는 거 자기가 먼저 다 하고. 질투심이 좀 있었어요. 잘난 척을 좀 하니까. 자기가 뭐가 잘났다고. 똑같은 놈이면서. 자기한테 영향 받은 걸 자꾸 인정하라고 눈치를 주는 거예요. 자꾸 그게 뭐야, 너무 싫어. (너무 화내진 말고 미워하진 마세요. 그 사람 지금 죽어가고 있잖아요.) 네, 우리도 다 죽어가요.

〈해변의 여인〉의 김중래(김승우)

직업: 영화감독

여자관계: 후배 스태프인 원창욱(김태우)의 친구 김문숙(고현정)과 여행 중 서로 호감을 느끼지만 바로 또 여행지에서 만난 최선희(송선미)에게도 반한다.

사랑을 갈구하는 대사: 보니까 재(창욱)하고 나하고 둘 다 문숙 씨를 원하고 있는 것 같은데 혹시 둘 다 마음에 있으시면 어느 쪽을 선택하실 거예요? 이런 문제 때문에 재하고 사이가 이상해져가지고. 클리어하게 하면 도움이 될 거 같거든요. 어떤 사람이 좋으세요?

그의 장광설: (선희와의 관계를 의심하는 문숙에게) 봐봐. (그림을 그리고) 이게 실체라고 생각을 해보자고. 이게 계속 변하면서 무한

대의 굴곡이 있잖아. 여기다, 사람들이 여기 여기 여기, 이 포인트에 (점 세 개 찍고) 계속 시선이 가면 환기되는 이미지가 생기거든. (점을 삼각형으로 연결) 이런 식으로. (중략) 이 세 포인트가 세트가 되는 순간에 기존의 불변하는 이미지에 딱 맞아떨어지는 거거든. 그럼 실체는 없어지고 이 이미지만 남는 거거든.

〈잘 알지도 못하면서〉의 구경남(김태우)

직업: 영화감독

여자관계: 과거 자신이 좋아했던 후배이며, 지금은 자신의 선배 양천수(문창길)의 아내가 된 고순(고현정)과 몰래 만남.

사랑을 갈구하는 대사: 어쩌면 이렇게 예뻐요? 믿을 수가 없어. 당신이 세상에서 제일 예쁜 여자야. (고순: 정말요?) 당신이 세상에서 제일 예뻐. 정말 보고 싶었어요. 당신이랑 안 된 것 때문에 내가 마음이 너무 안 좋았는데. 당신 내 짝이니까. 당신이랑 결혼했으면 내가 이렇게 살지 않았어요.

그의 장광설: (왜 이런 영화를 만드는지 이해가 안 된다는 학생의 질문에) 이해가 안 가시면 이해가 안 가는 거죠. 제가 뭐 어떻게 하겠습니까. (중략) 제 능력과 기질은 하나뿐 못 하는 겁니다. 정말 몰라서 들어가야 하고 그 과정이 정말 발견하는 과정이에요. 제가 컨트롤하는 게 아니라 과정이 나로 하여금 계속 뭔가를 발견하게 하고 저는 그걸 수렴하고 하나의 덩어리로 만드는 것뿐입니다. 그 결과

물을 보고 아무도 이해 못할 수도 있겠죠. 저는 이 세상의 귀중한 건 다 공짜로 얻는다고 생각합니다. 겸손하고 싶습니다. (학생: 조금 무책임하신 거 아니에요?) 모르는 것을 모른다고 아는 것, 구체적인 걸 매번 만날 뿐 체계적으로 미리 갖지 않는 것, 매번 발견하는 것, 단지 감상하는 것, 지금 이 순간에.

〈하하하〉의 조문경(김상경)

직업: 영화감독

여자관계: 어머니 식당에서 일하는 노정화(김규리)에게 잠시 집적댔다가 통영 관광지 해설가인 왕성옥(문소리)에게 대시.

사랑을 갈구하는 대사: 그냥 당신한테 내 마음이 열렸다니까요. 전엔 이해 못할 짓이 당신이 하면 이상하게 이해가 다 되고 너무 예쁘고 막 이해가 되는 거 같아요. (성옥: 나에 대해서 뭘 안다고.) 내가 보는 건 알죠. 보는 만큼은 확실히 알죠. 당신 정말 예뻐요.

그의 장광설: (자신에 대해 말해보라는 성옥에게) 속은 순정인데요, 받을 사람들이 너무 한심해요. 사람들이 너무 강한 거 보고 배려하는 거 보고 오해하고 그러는데, 자긴 그렇다고 마음 주는 거 아니고, 오해받는 거 정말 싫지만 그렇다고 싸우는 거 피하는 거 아니고요, 남들처럼 부지런히 사는 거 그거 쉬운데 속은 항상 양이 안 차요.

〈하하하〉의 방중식(유준상)

직업: 영화평론가

여자관계: 유부남이지만 애인 안연주(예지원)와 불륜 중.

사랑을 갈구하는 대사: 내가 정상일 때 네가 하는 짓 중 95%가 예뻐. 신기하지? (연주: 내가 뭐가 예뻐요?) 다 예뻐. 넌 뭘 해도 예뻐. 네 귀여운 발 신발 신겨놓은 것만 봐도 예쁘다. 신기하다니까. 가끔 다른 사람이 예뻐 보일 수 있잖아. 그럴 수 있잖아. 근데 넌 뭘 해도 예뻐. 네가 앉아서 텔레비전 보는 눈만 봐도 너무 예쁘다.

그의 장광설: (후배의 시를 읽은 뒤) 뭐가 그렇게 어둡니, 시가. 너 실존주의에 빠진 거 같아. (후배: 야냐, 요즘 느낀 걸 쓴 거야.) 뭐가 아니야, 새끼야. 네가 그 풍에 쏙 빠져버렸어. 실존주의 영향을 받았어, 내가 보기에. (중략) 너 괜히 과장한 거잖아. 내가 다 알아. 네 사춘기 감정 같은 게 남아서 실존주의 풍에 기대서 그걸 그냥 뽑아낸 거잖아. 그러지 마. 남들이 다 본다? 그걸 스스로 극복해야지.

〈북촌방향〉의 성준(유준상)

직업: 영화감독

여자관계: 서울에 옛 애인(김보경)이 있고, 그와 똑같이 생긴 술집 주인에게 억지로 키스한다.

사랑을 갈구하는 대사: (취해서 옛 애인 집에 쳐들어와서) 내가 너무 취해서 왔어. 내가 오지 말았어야 했는데. (울며) 진짜 오래 참았는데. 이렇게 오게 됐다. 내가 미안하다. 정말. (오열) 나 미안해. (대성 통곡) 나 오바하는 거 아니야! 나, 너 아니면 안 돼! 난 정말 너 아니면 안 돼. 난 정말 너 말곤 아무도 없어, 아무도. 정말이야. 아름답지가 않아, 그런 사랑은. 너였어야 돼, 너, 너, 너.

그의 장광설: (영화계 사람들과 만난 술자리에서) 이유 없이 일어나는 일들이 모여서 우리 삶을 이루는 건데 그중에 우리가 일부러 몇 개만 취사선택해서 그걸 이유라고 생각의 라인을 만드는 거잖아요. (중략) 만약에 제가 이 컵을 밀어서 깨뜨렸다고 해요. 그런데 이 순간 이 위치에 하필이면 왜 내 팔이 여기 있었는지, 그럼 난 그때 몸을 딱 움직였는지, 사실 대강 숫자만 잡아도 수없이 많은 우연들이 뒤에서 막 작용을 하고 있는 거거든요. 그런데 우리는 깨진 컵이 아깝다고 그 행동의 주체가 나라고 왜 이렇게 덤벙대느냐고 욕하고 말아버리잖아요. 내가 이유가 되겠지만 사실은 내가 이유가 아닌 거죠.

〈우리 선희〉의 최 교수(김상중)

직업: 대학교수

여자관계: 제자인 선희(정유미)에게 관심이 있음.

사랑을 갈구하는 대사: (왜 하이파이브 하는 척하면서 손을 잡았느냐는 선희에게) 네가 예뻤으니까. 너한테만 그랬어. 네 옆에 있고 싶으니까. 평생 그냥 네 옆에서 네 편이 되어주고 싶었으니까. 평생 네

편이 되어줄까? 그럴까, 내가? (선희: 네, 그래주세요.) 그래, 고맙다. 추천서는 언제까지 써줄까.

그의 장광설: (선희에게 마음을 고백한 뒤 써준 추천서) 이선희가 워크숍 수업에서 만든 작품들은 기존의 내러티브에서 거리를 둔 실험성 강한 작품이었습니다. 그런 지향의 작품들이 으레 빠지게 되는 다른 원칙들의 혼란스러운 결합이나 객관적인 효과에 대한 무시라는 함정에 빠지지 않은 아름다운 작품들이었습니다. 확실함이란 대의명분과 강박에서 자유로우면서 그 안에는 어떤 분명한 시적 메시지가 효과적으로 표현되어 있었습니다.

〈우리 선희〉의 문수(이선균)

직업: 영화감독

여자관계: 선희의 친구이자 옛 애인.

사랑을 갈구하는 대사: (선희에게) 난 네가 너무 좋아. 너 그거 알아? 응? 넌 근데 왜 그걸 모르니. 몰라? (선희: 사람 마음이라는 게 원래 이상한 거야. 내가 이상하지?) 아니, 너 너무 예뻐. 내가 태어나서 제일 예뻐한 사람이 너야, 진짜로. 진짜로.

그의 장광설: (선배 재학과의 술자리에서) 선희가 찾아왔잖아요. 그거는 판단을 하고 있는 중이라는 거죠. (재학: 그러니까 걔가 판단하는 대로 따라가라고. 무리하지 말고.) 무리를 해야 하는 거잖아요. 가만히 있으면 진짜 좋은 걸 알 수 없는 거잖아요. 아니 끝까지 파봐야,

끝까지 파봐야, 끝까지 파봐야 가는 거고, 끝까지 파봐야 가는 거고, 끝까지 파고 가고, 끝까지 파고 가야 나를 아는 거잖아요. 그리고 끝까지 파고 가고, 그래서 끝까지 파고 가고. (알았어.) 아니 형, 내 말 들어봐, 끝까지 파고 끝까지 파야 아는 거고, 끝까지 파야 가서 뭐가 중요한지 내가 아는 거잖아요. 뭐가 좋은지 아는 거잖아요.

〈지금은 맞고 그때는 틀리다〉의 함춘수(정재영)

직업: 영화감독

여자관계: 유부남이나 수원에서 우연히 만난 화가인 희정(김민희)에게 사랑을 고백함

사랑을 갈구하는 대사: (희정에게) 너무 예쁘세요. 눈이 어우 눈이 부셔요. (중략) 나의 친구. 나의 너무 너무 너무 예쁜 친구. (희정: 저도 친구 좋아요.) 친구보다 훨씬 좋아요. 그래도 되죠? (중략) 제가 어떻게 하면 좋겠어요. (뭘요.) 제가 진짜 여기 반지라도 있으면 좋겠어. 반지는 없지만 아, 제가 마음을 이렇게 표현하고 싶어서 그래요. 제가 너무 답답해서 그래요. 이게 어휴 너무 답답해요. 너무. 진짜 왜 이렇게 예쁘세요, 당신?

그의 장광설: (행사 중 '영화는 무엇일까'라는 평론가의 질문에) 네, 저는 아무것도 모르고 시작하는 것 같고 그렇게 함으로써 다른 종류의 것들을 발견하려고 하는 것 같은데, 지금 그런 말들이 제 머릿속에 떠오르는 것들이 있지만 그런 것들을 소리 내서 표현하면 말

이 되겠죠. 그런데 그런 것들은 그냥 그런 말입니다. 보시면 영화란 것들도 저라는 사람도 제가 경험한 모든 것들도 여러분들의 삶도 그런 말들하고는 전혀 상관이 없습니다. 말의 힘? 웃기고들 있네, 진짜. 20170323

+ 계산하고 쓴 건 아니지만, 위 글의 마지막 말(춘수의 대사)이 이들 남성들에 대한 적절한 평가가 될 거 같다. 웃기고들 있네, 진짜.

홍상수가 그려낸 지식인 남성들의 속물성을 보며 환호한 적이 있었다. 저토록 이중적이고 우스운 존재들이라니. 하지만 홍상수 본인과 저 가상의 남성들을 구분하기 어려워진 지금, 저것은 과연 지식인 남성들을 고발하는 풍자인지 아니면 자기 연민을 담아 그 해악성을 희석해 '모에화'한 것인지 의문이 생긴다.

현재로선 후자의 가능성을 더 많이 의심하고 있다. 저 남자들의 행동 중 불륜은 그려지되 아내에 대한 성적·경제적 착취는 암시적으로라도 등장하지 않는다는 점에서 더더욱.

우리에겐 유바비처럼 스위트한 남자 롤 모델이 필요하다

잘생겼다. 친절하다. 업무 능력도 좋다. 요리도 제법 잘한다.

네이버 웹툰 〈유미의 세포들〉에서 주인공 유미의 애인이자 이상적인 남자로 그려지는 유바비 이야기다. 제목 그대로 주인공 유미의 몸속 세포들이 유미의 일상 안에서 벌이는 충돌과 선택의 과정을 그린 이 만화에서 유바비는 한때 유미가 짝사랑하기도 했던 후배 우기와 함께 회사 내 인기 투톱을 형성 중인 인기남이다.

바쁜 여자 친구 때문에 유미보다 먼저 연애를 끝내야 했던 그가 언제부터 유미에게 호감을 품었는지는 알 수 없지만, 존재만으로도 유미의 옛 남자 친구 구웅이 긴장할 정도로 유바비의 외형적 매력과 인간적인 장점은 〈유미의 세포들〉 세계관 안에서 압도적이다. 특히 유미에 대한 자신의 감정을 숨기지 않으면서도 이별 때문에 힘든 유미를 배려하고 조심스럽게 접근하는 태도는 근래 어떤 서사 장르의 남성 캐릭터에게서도 보기 힘들 정도로 섬세하다. 적어도 지금까지만 놓고 보면, 유바비는 도저히 흠을 찾기 어려울 만큼 완벽한 동시에 스위트한 남성이다.

단순히 어떤 이상적 남성상이 유바비라는 캐릭터를 통해 구현되었다고 말하려는 건 아니다. 유바비는 만약 이상적 남성이 존재한다면 그에겐 어떤 내면적 과정이 필요할 것인가에 대한 작가의 사고 실험 결과처럼 보인다. 종종 유미를 제외한 다른 인물들의 세포들도 등장하는 이 만화에서 유바비의 프라임 세포(세포들 중 가장 강력한 능력을 지닌 세포. 유미의 프라임 세포는 사랑 세포다)는 뛰어난 관찰력으로 상대방의 기분을 읽어내는 명탐정 세포다. 본인의 의도와는 달리 눈치가 부족해 타인에게 상처를 주거나 오해를 사기도 했던 유바비는 후회와 자책 끝에 이를 극복하기 위한 '섬세한 관찰자'라는 스킬을 습득했고, 이러한 스킬을 지닌 명탐정 세포의 능력을 사용해 유미를 챙긴다.

이성적 호감을 느끼기 전에도 유미의 글쓰기 재능을 파악해 부서 이동을 이끌었고, 구웅과의 이별 후 슬픔 때문에 눈물 콧물이 흐르는 유미에게 꽃가루 알레르기가 심해서 자기도 고생이라고 자연스럽게 휴지를 건넨다. 본인이 유미에게 고백한 이후 유미가 유바비 때문에 구웅을 정리했다는 루머가 회사에 퍼지자, 루머의 진원

지를 파악한 뒤 그를 통해 자연스럽게 자신이 먼저 고백했다는 것을 회사에 퍼뜨려 유미에 대한 오해를 푼다. 유바비의 상냥함과 친절함은 단순히 캐릭터의 성격으로 부여된 것이 아니라, 높은 사회성과 소통 능력의 결과물이다. 배려라는 행위를 통해 드러나는 스위트함이란 미각에서의 단맛이나 짠맛처럼 평등한 스펙트럼 중 하나가 아니라, 문명화되고 사회화된 개인으로서 더 발달한 사람이라는 징표에 가깝다. 바로 이 지점에서 유바비는 그 자체로 매력을 뽐내는 동시에, 이상적인 남성은 왜 상냥해야 하는가에 대한 나름의 답변을 제시한다.

뿌리 깊은 가부장제와 군대에서 내면화된 서열 문화, 그리고 거칠게 재구성된 경상도 사투리가 남성성을 상징하게 된 한국에서 상냥함과 배려는 남성들 사이에서 제대로 된 미덕으로 다뤄진 적이 없다. 얼마 전 논란이 된 MBC 〈라디오스타〉에서의 김생민에 대한 김구라의 태도는 단순히 그의 인성 문제만으로 이야기하기 어렵다. 센 척으로 자신의 지위를 유지하는 남성 커뮤니티에서 그런 식으로 남을 후려치는 개그가 싫다고 말한 김생민을 김구라를 비롯한 MC들이 무시하고, 그 무시를 통해 다시금 자신들의 지위를 재확인한 것에 가까운 사건이다.

이런 식의 '센 척'과 '무례함'이 남성 커뮤니티를 벗어나 여성을 향한다고 달라질 리 없다. 최근 MBC MUSIC 〈쇼 챔피언 비하인드〉에서 워너원의 강다니엘이 "가시나 왜 이리 이쁘노"라고 말하며 가상의 여성을 때릴 것 같은 포즈를 취하는 것에 대해 '상남자다잉ㅋㅋ' 같은 자막이 붙는 게, 이 나라가 생각하는 남성다움의 현주소다. 이런 하나하나의 사례들을 비판하는 것이 비평의 역할이겠지만, 사실 그것만으로는 대체 어떤 대안이 가능한가를 보여줄 수 없다. 다행히 에릭 남처럼 혐오 발언과 차별 발언을 유의하고 상대방을 배려할 줄 아는 방송인이 가뭄에 콩 나듯 등장하기도 하지만, 모든 예능 프로그램에 그가 출연할 수는 없다.

하여 가상의 서사 장르를 통한 대안 제시는 이러한 한계를 극복하는 가장 좋은 방법이다. 꼭 에릭 남을 섭외할 필요가 없다는 장점을 차치하더라도, 스토리텔링을 통한 공감은 이것이 옳고 저것이 틀렸다는 논증보다 사람을 더 강하게 이끌기 때문이다. 하지만 정작 드라마에서 사랑의 승리자가 되는 남성 주인공은 13년 전에도 "왜 저 사람이 내 사람이라고 말을 못해!"라고 소리를 버럭버럭 지르고(SBS 〈파리의 연인〉), 2017년에도 "네 다리 쳐다보는 새끼한테 돌려차기 할 거 같으니까 바지로 갈아입고 나와"라는 말을 로맨틱한 대사랍시고 한다(KBS 〈쌈, 마이웨이〉). 현실에서 쉬지 않고 볼 수 있는 남성의 무례함과 폭력성을 가상의 서사에서까지 봐야 하는 건 꽤 고역이다. 물론 이들은 차갑지만 내 여자에겐 따뜻한 도시남자 혹은 거칠어도 내 여자에겐 따뜻한 마초로 설정된다. 하지만 꽤 매력적으로 보이는 이 설정은, 어떤 면에선 유바비의 이상적인 모습보다도 더 허구적이다. 평소에 자기 성질을 못 이기고 화부터 내거나 남의 말에 귀 기울일 줄 모르는 사람이 누구 한 사람에게 배려심을 발휘할 수 있다는 건 말도 안 되는 소리다. 타인에게 무례하지만 내 여자에게 따뜻한 캐릭터는 실제로는 어디서나 무례하기만 한 일부 현실 남성들이 자신을 왜곡해 투영하며 자위할 만큼의 판타지를 제공할 뿐이다.

그래서, 더 많은 남성들이 〈유미의 세포들〉을 보면 좋겠다. 많은 여성 독자들이 30대 직장인인 유미의 일상에 공감하고 용기를 얻는 만큼, 남성 독자들이 유바비라는 상냥하고 매력적인 남성을 통해 무엇이 진정 멋있고 더 나은 남성의 길인지 느끼고 변화해가면 좋을 것이다. 만화 속에서 유미의 세포들은 각각 자신들의 기준으로 하나씩 그의 장점을 확인하며 유바비 소모임에 가입한다. 그만큼 유바비라는 캐릭터에는 세포라는 매개를 통해 인간 심리의 디테일을 깊게 파고들었던 작가가 자신의 통찰을 총동원해 내놓은 '무엇이 괜찮은 남자인가'에 대한 대답이 응축되어 있다. 그를 통해 모두에게 친절하고 상냥한 사람만이 사랑하는 사람에게도 상냥할 수 있으며, 연애에서 사랑과 존경을 받을 수 있을 정도의 인격이라면 다수에게도 좋은 평판을 얻을 수 있다는 점을 배우면 좋을 것이다. 조심스러움이란 남자답지 못한 게 아니라 상대방과의 적절한 심리적 거리를 유지하기 위한 사회적 능력이며, 상대가 불편해하지 않을 배려란 자기 객관화와 역지사지라는 인간 지성의 최고 기능을 발휘할 때 가능한 것임을 깨달으면 좋을 것이다. 괜찮은 남자 캐릭터의 상징적인 가치는 여성의 우상이 아니라 남성의 롤모델일 때 비로소 실천적으로 유의미하다. 그리고 정말로 간만에 좋은 롤모델이 나타났다. 추천한다. 20170915

+ 유바비가 한국 남성들에게 좋은 롤모델이 될 수 있다는 생각에는 변함이 없다. 하지만 이 글과 함께 박희정 기록 연구자가 현재 내가 편집장으로 재직 중인 만화 비평지 《지금, 만화》에 기고한 비판적 지적을 보론으로 추가해야 할 것 같다.

그는 유바비가 마초적인 남성이 아니며 충분히 긍정적인 효과를 줄 수 있는 존재지만, 여전히 그의 역할은 남성성의 범주 안에서 그려지며 결과적으로 남녀 성 역할 구분을 해체하진 않는다는 것을 지적했다. '좋은' 남성이지만, 여전히 좋은 '남성'이라는 것. 잘생기고 배려 있고 상냥한 남성 캐릭터가 부족하다는 것과는 별개로 이 역시 이성애 로맨스 안에서 남성에게만 부여된 역할 모델을 강화한다.

물론 여전히 남성들이 MBC 〈사랑이 뭐길래〉의 대발이(최민수) 같은 인물을 롤모델로 삼는 사회보단 유바비를 롤모델 삼는 사회가 백만 배는 낫다고 생각한다. 어느 정도의 유인 효과도 있을 것이다. 하지만 분명 그 너머 성별 이분법이 해체된 사회의 롤모델 역시 상상할 수 있어야 한다. 당장은 유바비조차 현실에서 볼 수 없는 유니콘 같은 존재라 해도.

퇴행하는 TV 예능 세상에서 기획자 송은이를 주목해야 하는 이유

2017년 하반기 가장 이슈였던 예능인은 김생민이다.

동명의 팟캐스트로 인기를 얻은 뒤 지상파에 진출한 15분짜리 예능 〈김생민의 영수증〉(이하 〈영수증〉)은 호든 불호든 뜨거운 반응을 이끌었고, 그의 유행어 "스튜핏"과 "그뤠잇"은 온갖 상황에 활용됐다. 하지만 김생민은 이미 10년 전에도 KBS 설 특집 〈경제 비타민〉에서 재테크 노하우를 공개했던 소문난 경제 전문가였다. 김생민이 어디선가 툭 튀어나와 대세가 된 게 아니라, 요즘 사람들의 욕망에 맞춰 적절히 소환되었다는 것이 진실에 가깝다. 그리고 그 안목 있는 소환사는, 송은이다.

잘 알려진 것처럼 그는 파트너 김숙과 함께 만드는 팟캐스트

〈비밀보장〉에서 청취자의 경제 상담 자문을 위해 김생민을 불렀고, 그것이 고정 코너가 되었다가 〈영수증〉이란 단독 팟캐스트로 분리되었다. 김생민 스스로도 인터뷰에서 잊지 않고 감사를 표하듯, 그는 〈영수증〉과 김생민을 지금처럼 대세로 만든 설계자다.

그럼에도 지금 예능 기획자이자 제작자로서의 송은이에게 주목해야 한다면 〈영수증〉을 성공시켰기 때문만은 아니다. 한 번의 대성공은 운의 크기를 증명할 뿐이다. 오히려 〈영수증〉을 포함한 여러 기획들의 맥락 안에서 송은이의 능력은 더 명확히 드러난다.

송은이가 역시 김숙과 함께 최초로 공개한 웹 예능 〈쇼핑왕 누이〉는 〈영수증〉의 대척점에 있는 콘텐츠다. 출연자들은 그날의 주제에 따라 생활용품부터 패션 용품, 음식에 이르기까지 브랜드를 그대로 노출시켜 추천 및 홍보한다. 어떤 키워드로 검색해야 해당 상품 정보가 나오는지도 꼼꼼히 보여준다. 김숙이 출연했던 JTBC 온라인 〈마녀를 부탁해〉도 떡볶이 브랜드를 홍보했고, 코미디 TV 〈신상 터는 녀석들〉도 신상품을 추천하지만, 다들 PPL의 범위 안에 있던 것과 달리 〈쇼핑왕 누이〉는 대놓고 해당 제품의 쇼핑을 부추긴다. 김생민이 본다면 "스튜핏"을 외칠 것 같은 이 방송은, 사실은 〈영수증〉과 함께 〈비밀보장〉에서 탄생한 자매다.

〈영수증〉이 돈을 어떻게 사용해야 할지에 대해 묻는 청취자를 돕기 위해 시작되고 확장된 기획이었다면, 〈쇼핑왕 누이〉는 쇼핑에 결정 곤란을 느끼는 청취자에게 역시 〈영수증〉처럼 맞춤형 솔루션을 제공하는 기획이다. 핵심은 돈을 아끼느냐 쓰느냐가 아니라, 지금 각각의 사람들이 원하는 걸 제대로 제공하는 것이다. 지상파 버전 〈영수증〉에서 김생민이 홈쇼핑에서 떡갈비를 산 제보자에 대해 훈계하는 동안 송은이와 김숙은 흰쌀밥과 떡갈비 예찬을 펼쳤는데, 어떤 시청자들은 정작 김생민의 절약 팁보다 그 둘의 상품 소개와 소비 유혹에 더 끌린다는 반응을 보였다. 바로 그런 이들이 〈쇼핑왕 누이〉를 보면 된다. 모두가 〈영수증〉을 상찬하고 있지만, 정작 그 기획자는 비슷한 시기에 정확히 반대되는 지점에서 또 다른 시장을 개척해냈다.

사실 〈비밀보장〉부터 〈쇼핑왕 누이〉에 이르는 변화의 과정에서 보이는 송은이의 기획력이 아주 기발하거나 천재적인 것은 아니다. 작지만 유의미한 대중의 반응이 있을 때 놓치지 않는 능력은 탁월하지만 무에서 유를 창조해냈다고 말하긴 어렵다. 대신 그의 선택엔 확실한 논리적 정합성이 있다. 자신과 김숙 같은 비혼 여성 예능인이 기존 방송 시장에서 자리를 찾기 어려워지자 스스로 방송을 만들면 되겠다는 생각으로 사비로 녹음 장비를 사서 팟캐스트를 시작했고, 결정 곤란에 대한 일상적 공감대가 형성될 즈음 청취자의 결정을 돕는 콘셉트로 방송을 기획했으며, 인기가 높아지자 지상파 라디오에서 〈송은이, 김숙의 언니네 라디오〉를 진행하게 됐지만 자신들의 기반이 된 〈비밀보장〉을 놓지 않았다. 〈비밀보장〉 팬들의 요청대로 동영상 채널 〈비보 티브이〉를 만들어 유튜브로도 진출했다. 〈영수증〉과 〈쇼핑왕 누이〉로 확장 및 분화하는 과정은 상술한 대로다. 하나하나만 보면 모험처럼 보이지만, 전후 맥락에서 어느 것 하나 이해되지 않는 선택은 없다. 많은 경우 사람들은 중요한 기로에서 합리적 선택을 하는 대신 통념과 관성에 기댄다. 당장 TV 방송 시장에 자리가 안 나고 팟캐스트 및 유튜브 시장의 성장이 눈에 보여도 그 길로 직접 뛰어들기 위해선 '그래도 TV가 최고고 떠나면 못 돌아온다'는 오래된 통념을 무시할 수 있어야 한다. 합리적 선택엔 지성만큼 용기도 필요하다. 송은이와 김숙은 그걸 해냈다.

생존을 위해 노력하다 보니 뉴미디어 예능의 선두 그룹이 된 송은이의 성공 사례는 경쟁 압력이 느슨해진 방송 시장 안에서도 복기될 법하다. 가령 소위 사단, 라인 같은 말로 묶이는 방송인 친목 연대가 방송을 거듭할수록 자기들의 공고한 세계를 재생산하는 것과 달리, 송은이가 김숙과 만들어가는 세상은 명백한 성공 사례인 〈영수증〉 반대편에서 〈쇼핑왕 누이〉를 만들 정도로 넓은 확장성과 변화의 폭을 보여준다. 당장 절친한 친구 유재석이 KBS 〈해피투게더 3〉에서 재결성한 조동아리는 자기들끼리의 사담에 매몰됐다. 송은이 또래의 남성 MC들이 심지어 사회적 물의를 빚고도 한자리씩을 꿰차며 어떤 기획을 해도 비슷한 40대 '한국 남자 정서'를 만들어내는 것과 비교해 송은이는 본인의 친분을 십분 활용하되 각 기획에 맞는 조합을 꾸린다.

형식적인 실험도 마찬가지다. 지난 추석 연휴 동안 KBS에서 선보인 예능 파일럿 프로그램들 중 〈줄을 서시오〉, 〈혼자 왔어요〉, 〈하룻밤만 재워줘〉 등은 타사 프로그램 포맷을 상당 부분 그대로 가져왔다는 평가를 받았다. 창의력 부족도 문제지만, 여기엔 우선 트렌드를 모방하고 보자는 오래된 통념이 함께한다. 그에 반해 최근 KBS에서 방영한 예능 중 가장 신선했던 게 〈영수증〉이라는 대중의 평가는 상징적이다. TV 프로그램들이 서로 형식을 모방하는 동안 〈비밀보장〉과 〈영수증〉, 〈쇼핑왕 누이〉는 모든 군더더기를 덜어낸 채 시청자(혹은 청취자)의 요구와 프로그램의 목적에만 집중한다. 송은이가 만든 콘텐츠 제작사 컨텐츠랩 비보의 모토 중 하나인 "가벼워져야 날 수 있다"는 다시금 많은 예능 기획자들이 곱씹어 볼 화두다.

동년배 중 가장 먼저 재능을 증명해냈지만, 여성 예능인에게 유독 더 가혹하고 배타적인 분위기에서 부침을 겪었던 과거의 기린아는 역시 비슷한 처지인 동지와 함께 자신들을 위한 미래를 기존 시장 바깥에서 개척해냈다. 물론 바로 그 이유로, 그들이 당시 방송 시장에서 잘 풀렸어도 이런 개척을 해냈을까, 라는 씁쓸한 의문이 따른다. 하지만 스몰마켓인 오클랜드 애슬레틱스 단장인 빌리 빈이 필요에 의해 만들었다고 머니볼의 가치가 떨어지는 것은 아니다. 오히려 머니볼을 통해 메이저리그 전체가 한 단계 발전했듯, 기획자 송은이의 성공 사례는 동년배 남성들끼리 서로 부둥켜안고

도태된 공룡이 되어가는 TV 방송 시장에 좋은 자극이 될 수 있지 않을까.

그럼에도 기어코 그들이 공룡의 길을 택한다면, 우리 호모사피엔스들은 유튜브에서 송은이의 다음 기획을 기다리는 수밖에.

20171020

+ 다행히 눈 밝은 이들은 송은이를 적극적으로 섭외하며 도태를 피하려 했다. 이 글을 썼던 2017년 10월 이후 송은이의 활약은 압도적이었다. 김신영의 아이디어를 수용해 웹 예능 〈판 벌려〉에서 셀럽파이브라는 프로젝트 걸 그룹을 만들어 음악 방송을 말 그대로 접수하는 퍼포먼스를 보여줬으며, 지상파와 케이블에서도 MBC 〈전지적 참견시점〉의 MC로서 이영자를 비롯한 여러 패널의 장점을 이끌어내는 동시에 짝패인 김숙을 비롯한 여성 멤버들과 함께 Olive 〈밥블레스유〉로 여성 중심 예능의 롤 모델을 만들기도 했다. 그가 김숙과 함께 팟캐스트 시장에 뛰어들어야 했던 시기와 비교하면 격세지감을 느낄 정도다.

하지만 이와 같은 송은이의 활약에 감탄만을 더하는 건 반쪽짜리 분석일 것이다. 정말 중요한 건, 왜 이토록 뛰어난 능력을 지닌 방송인이 수많은 우회로를 거쳐야 여기까지 올 수 있었느냐는 것이다. 그에 반해 수많은 남성 예능인들이 물의를 일으키거나 시대적 변화에 적응하지 못하면서도 쉽게 지상파 예능에 들어오는 것을 떠올린다면, 그동안 송은이가 겪어야 했던 우회의 시간은 한 개인의 성공 모델로서 상찬되는 것에 그치지 않고, 방송계가 반성해야 할 사례로도 기억되어야 할 것이다.

〈나의 아저씨〉, 모두를 위한 지옥에도 불평등은 있다

tvN 〈나의 아저씨〉에 대한 평가는 극과 극이다.

방영 초기에는 현실 속 40~50대 남성의 권력을 지우고 아저씨들의 자기 연민을 늘어놓는다는 비판(황진미)이나 이지안(아이유)과 구원자로서의 박동훈(이선균)을 운명적인 관계로 묶어내며 로맨스를 정당화하는 영상 문법에 대한 비판(박우성)이 주를 이뤘다면, 회를 거듭할수록 "김운경 작가님이 젊어지시면 이런 느낌일까"라는 반응(유병재)이나 로맨스가 불가능한 신자유주의 한국의 삭막한 풍경을 잘 그려냈다는 평(문강형준)이 많아졌다.

하지만 〈나의 아저씨〉에 대한 입장이 극과 극인 것은 호평과 악평으로 나뉘기 때문만은 아니다. 두 비평의 입장은 놀라울 정도로 서로 다른 지평 위에 서 있다. 비판하는 쪽에서 이곳 한국 사회에서 실제 아저씨들이 지닌 권력과 폭력이 지워져 있는 문맥을 문제 삼는다면, 옹호하는 쪽에선 드라마가 의도하고 실제로 작품에서 꽤 잘 구현된 상처 입은 삶들에 대한 위로를 이야기한다. 그렇다면 공통의 논의를 위한 질문은 다음과 같이 제기될 수 있다. 〈나의 아저씨〉에 깔린 아저씨 세대에 대한 연민의 기만성은 신자유주의적 자본주의 체제에서 고난 받는 개인들에 대한 위로라는 주제 의식 안에서 중화될 수 있는 것일까. 다시 말해 이 텍스트 안의 명백한 성맹적gender blind 요소는 약점이되 지엽적인 것인가. 결론부터 말하자면 그렇지 않다.

〈나의 아저씨〉와 비슷한 인물 구도를 갖춘 김원석 감독의 전작 tvN 〈미생〉과 비교해보자. "당신들이 술맛을 알아?"라는 오상식(이성민)의 대사는 직장인들의 심금을 울렸지만 여기엔 가정 바깥에서의 노동만이 고난처럼 그려진다는 점에서 어느 정도 성맹적 요소가 있다. 다만 직장인 사회에 집중하는 드라마 안에선 지엽적인 문제가 된다. 그런데 〈나의 아저씨〉는 그보다 훨씬 멀리 나간다. 이선균이 연기했던 MBC 〈하얀거탑〉의 최도영을 오상식 자리에 앉혀 놓은 듯한 박동훈은 민감한 양심 때문에 인생살이를 괴로워하면서도 마음을 억누르고 회사로 출근하는 인물이다. 형인 박상훈(박호산)이 한 건축업자의 옷을 더럽혀서 무릎 꿇고 비는 걸 어머니 변요순(고두심)이 보게 된 걸 안 동훈은, 해당 업자를 찾아가 "밖에서 당한 모욕을 가족은 모르게 해야 한다"고 부르짖는다. 그를 통해 간도 쓸개도 빼놓고 가족을 위해 희생하는 남성 '가장'에 대한 연민은 극대화된다.

하지만 그의 아내인 강윤희(이지아) 역시 밖에서 활동하는 변호사이며 그런 그가 집에서 꼬박꼬박 동훈을 위해 밥을 차려주는 장면은 아무런 문제 제기나 연민 없이 그려진다. 동훈의 휴대전화에 윤희는 이름이 아닌 '집사람'으로 저장되어 있다. 자본주의 정글에서 탈락해 백수로 지내면서도 꼬박꼬박 어머니 요순이 해주는 밥을 당연하듯 먹고 있는 상훈은 어떠한가. 여성은 전문직이어도 남편의 밥을 해주고, 남성은 백수가 되어도 여성이 해주는 밥을 먹는다. 가부장제 안에서 '가장'으로서의 남성이 자본주의 세상에서 시달리는 건 사실이다. 하지만 바로 그 자본주의 체제라는 것이 여성들을 가사 노동에 갈아 넣어 유지되는 시스템이라는 사실에 대해 드라마는 놀랍도록 침묵한다. 드라마 안에서 울분을 토해내는 건 오직 남성들이다.

직장인 남성에 대한 이야기를 하는 것과 직장인 남성만 발언할 기회를 주는 것은 전혀 다른 차원의 문제다. 〈나의 아저씨〉는 후자다. 이러한 비대칭성은 굳이 현실 40~50대 남성이 지닌 성별 권력을 언급하지 않더라도 이미 텍스트 안에서 하나의 권력으로 기능한다. 〈미생〉의 장그래—오상식 구도와 흡사하면서도 다른 이지안—박동훈의 관계는 이 차이를 잘 보여준다.

처음부터 정서적 이입이 가능했던 장그래와 달리 지안은 속을 알 수 없는 존재이며, 어떤 의미로든 호감 가지 않는 인물이다. 무례하며 범법 행위도 쉽게 저지른다. 〈나의 아저씨〉는 그런 지안을 시청자에게 이해시키기 위해 동훈이라는 우회로를 거친다. 모두가 지안의 위악을 이해하지 못할 때 동훈만이 동료들을 향해, 더 정확히는 시청자를 향해 지안을 위해 변명해준다. "상처 받은 아이들은 너무 일찍 커버려"라고. 동훈과 건축업자와의 실랑이를 도청하던 지안이 가족에 대한 동훈의 말을 들으며 자신이 할머니를 위해 살인을 무릅쓴 순간을 떠올리는 것도 마찬가지다. 지안이 도청을 통해 동훈을 속속들이 알 수 있는 반면 동훈은 그럴 수 없다는 것은 서사적 트릭일 뿐이다. 정작 도청을 통해 동훈에게 감화되는 것은 지안이며, 지안의 속을 간파하고 드러내는 것은 동훈이다. 20대 여성 지안이 겪는 혹독한 삶은 기성세대인 동훈의 자상한 시선을 통해서만 이해될 수 있다. 이 과정은 일면 따뜻하고 휴머니즘적이지만, 모든 정서적 이입이 동훈을 통해서만 가능하기에 지안이 겪는 부조리한 현실조차 동훈의 주관적 관점 안에서 쉽게 상호 이해 가능한 것이 되어버린다.

하여 〈나의 아저씨〉의 강점으로 이야기되는 상호 이해와 화해, 치유의 서사는 특유의 성맹적 약점 안에서 오히려 기만적인 효과를 만들어낸다. 충분히 멀리서 보면 모두들 신자유주의 체제에서 각자도생 중이며 서로 도와야 할 이들인 건 맞다. 하지만 동훈의 말대로 이 세상이 지옥이라는 것이 모두가 감수해야 할 고통과 불의가 공평하다는 뜻은 아니다. 각자도생의 시대에 더 많은 불의를 감수해야 하는 건 파견직 20대 여성이다. 자신에게 키스하려 했단 이유로 지안을 바로 회사에서 자르려 한 동훈의 행동은 어떻게 봐도 월권이자 남의 밥줄을 건드리는 폭력이지만, 드라마 안에선 지안의 생존 능력을 보여주기 위한 맥거핀으로 활용될 뿐이다. 모두가 힘든 신자유주의 세계에서도 유독 파견직의 목숨은 파리 목숨이라는 것, 당장 사내 정치에서 밀려 고난을 당하며 억울해 죽겠다는 표정을 짓는 40대 남성도 단지 여성의 "단정치 못한 품행"을 근거로 젊은 파견직 근로자를 자를 권력이 있다는 것은 제대로 논의되지 못한다.

박해영 작가의 전작 tvN 〈또 오해영〉에서 줄곧 등장했던 '여적여'(여자의 적은 여자) 구도가 불평등한 구조에 대한 인식을 대체하는 건 그래서 우연으로 보기 어렵다. 회식 자리에서 여성이 당연한 듯 고기를 굽는 상황에서도 갈등은 여성 대 남성이 아닌, 파견직이고 더 나이 어린 지안이 고기를 굽지 않는 것에 대한 여성 직원의 분노로 표출된다. 남편보다 잘나가는 여성에 대한 사회적 미움의 정서는 가부장제에 대한 문제 제기가 아닌 윤희에 대한 요순의 불편함으로 그려지며, 이혼 후 도준영(김영민)과의 결혼까지 염두에 뒀던 윤희의 정상 가족을 이루지 못하는 데 대한 과도한 두려움 역시 남성들은 지워진 채 지안에 대한 윤희의 적대로 드러난다. 동훈

삼형제로 대표되는 '나의 아저씨들'은 자신들이 눌러 앉은 구조적 우위에 서서 구조적 약자인 여성들끼리의 싸움을 멀뚱멀뚱 쳐다보는 동안 무해하게 그려진다.

이 드라마가 사랑이 아닌 사람의 이야기를 꽤 야심차게 그려내려 한 건 맞다. 하지만 그 아저씨들이 젠더 권력과 경제 권력의 맥락에서 벗어나 오직 사람의 얼굴로 등장하기 위해선 그들이 여성을 착취하며 누리고 있는 많은 것들을 모르는 척해야만 한다. 이 선택적 무지를 과연 휴머니즘이라 칭해도 될까. 20180427

+ 〈나의 아저씨〉는 제목과 출연자인 아이유와 이선균의 나이 차 때문에 방영 전부터 오해를 샀던 작품이다. 하지만 사람들이 우려했던 것만큼 둘 사이가 이성애 로맨스의 구도로 연결되진 않았으며, 상처와 치유라는 주제 의식도 어느 정도 잘 구현된 작품이다.

그럼에도 불구하고 이 이야기에 동의할 수 없는 것은, 무엇을 드러내서가 아니라 무언가 가리고 있기 때문이다. 분명 작품 속 박동훈은 소위 '개저씨'와는 거리가 먼 중년 남성이다. 하지만 드라마는 한국의 중년 남성들이 박동훈의 반듯함에 자신을 비춰 반성할 기회를 제공하기보다는, 중년의 울분을 토해내는 그에게 이입하게 만든다. 물론 이것은 착각이자 기만이다. 대체 한국 중년 남성들이 언제 그렇게 신사적이고 언제 그렇게 이타적이었다는 말인가. 이 기만을 유지하기 위해 드라마는 오직 동훈의 관점만으로 세상을 정렬한다. 권력을 지닌 것 같지만 실은 언제나 흔들리고 고통 받는 나. 그런 내가 견뎌내야 하는 세상, 그리고 그런 내가 이해해줘야 하는 젊은 여성. 중년 남성 내면의 시선으로만 그려진 자신들의 삶이란 이렇듯 애틋하다.

하지만 반대로 보자면, 그것은 중년 남성 외부의 시선을 배제해야만 유지될 수 있는 허약한 판타지라는 고백이기도 할 것이다.

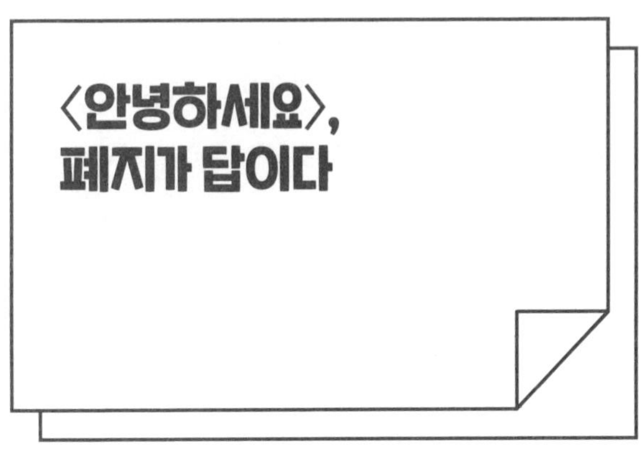

〈안녕하세요〉, 폐지가 답이다

이해할 수 없다. 아직도 공영방송 KBS에서 〈안녕하세요〉 같은 프로그램을 방영하는 것을.

'대국민 토크쇼'를 표방하며 시청자들의 고민이 담긴 사연에 대해 MC와 게스트, 사연의 실제 주인공들이 함께 이야기해보는 콘셉트의 이 토크쇼는 언젠가부터 단순한 고민의 수준을 넘는 폭력적인 사례들을 소개하고 있다. 당장 7일 방영분에선 삼형제를 낳고 넷째까지 임신해 출산을 한 달 앞둔 여성이 육아뿐 아니라 남편 소유의 가게에서 새벽까지 일을 하는 사연이 소개됐다.

만삭의 몸으로 독박 육아를 하는 것만으로도 시청자의 분노를 자아낼 만한 이 사연의 주인공은 그저 집에서 아이들만 돌보고 싶다며 남편이 가게 일을 맡기지 않았으면 좋겠다고 하소연했다. 육아를 아내에게 일임하고 본인이 따로 운영하는 푸드트럭 일이 일찍 끝나도 본인의 욱하는 성격을 죽이기 위해 일부러 골프나 볼링 같은 취미 생활을 하고 늦게 들어온다는 남편의 변명을 들으며, 상식적인 사람이라면 함께 출연한 사연 당사자의 언니 말에 고개를 끄덕일 수밖에 없다. "마음 같아선 갈라서라고 하고 싶어요." 예능 스튜디오보다는 가정법원을 향하는 게 어울릴 것 같은 사연이 '전국 고민자랑'이라는 타이틀로 소개되는 것이 〈안녕하세요〉의 현주소다.

다행히 〈안녕하세요〉의 MC인 신동엽과 이영자는 해당 사연의 부조리함과 폭력성을 웃음으로 눙치진 않는다. 과거 청소년의 고민을 다룬 SBS 〈동상이몽 괜찮아 괜찮아〉에서 자매들 사이에서 유별나게 차별받는 막내의 '현대판 콩쥐' 사연에서 출연자 누구에게도 싫은 소리를 하지 못하던 유재석보단, 피해 받은 당사자를 위해 분노해주고 가해자를 향해 쓴소리도 하는 신동엽과 이영자가 좀 더 책임감 있는 진행자다.

하지만 그걸로 된 걸까. 지난주 방영분에선 끔찍할 정도로 주사가 심한 남편을 고발하는 사연이 '졸혼할까요'라는 제목으로 소개됐다. 이영자는 1960~1970년대 아버지를 생각하면 안 된다고 충고하고 제보자의 남편은 금주를 약속했으며, 이번 주 방영분에선 실제로 일주일 동안 금주하는 모습을 영상으로 남기기도 했다. 여기에 일말의 공익적 성격이 있을지 모른다. 피해자들에게 일종의 신문고 역할을 해주는 것도 사실이다. 하지만 당장 술에 취해 가구를 부수고, 암 투병하느라 탈모가 생긴 아내의 외모에 대해 폭언을 한 남편의 사연은 졸혼 여부보단 안전 이혼을 고민해야 할 일에 가깝다. 앞서 만삭 제보자의 사연도 마찬가지다. 본인에게 싫은 소리를 하면 가게를 엎기도 할 정도로 욱하는 성미의 남편에 대해 당연히 모두들 비난의 목소리를 높였지만, 이영자는 이에 더해 제보자에게도 "본인의 인격과 존재감을 (남편에게) 강조했어야 한다"고 조언했다. 선의인 건 알겠지만 한국에서 벌어지는 수많은 가정 폭력과 그에 대한 여성들의 합리적 두려움을 떠올린다면 적절하지 못한 조언이다. 남성의 가정 내 주폭이, 여성의 독박 육아와 노동력 착취가, 못된 남편과 아내의 자존감 하락이라는 사적 영역으로 정의되는 순간 인민재판 같은 방송 분위기와는 별개로 해당 문제들의 공적 심각성은 탈색된다.

다시 말해 〈안녕하세요〉는 제보자의 피해 사연을 웃음으로 소비할 정도로 쓰레기 같은 프로그램은 아니지만, 그 폭력의 구조적 속성과 공적 함의를 지우고 소위 '사이다' 같은 호통이나 비난으로 문제의 해결을 대체한다. 물론 이것은 예능이다. 예능에 실질적인 대책까지 바라는 것은 무리거나 과도한 것일지 모른다. 그리고 바로 그 이야기를 하고 싶은 것이다.

'번역가 박지훈 시장 퇴출 요청'이 청와대 청원에 올라오는 게 어처구니없는 것처럼, 〈안녕하세요〉에 소개되는 사연의 상당수는 예능에 소개되어선 안될 것들이다. 시민사회의 공적 규범을 강제해야 할 사안에 개인의 개선을 요청하는 것 자체가 잘못된 접근이다. 가령 지난 2일 KBS 〈추적 60분〉은 데이트폭력 문제를 다룬 바 있다. 사실 데이트 폭력이야말로 몇 년 전만 해도 연인 간에 해결해야 할 사적 영역으로 여겨지던 문제가 공적 영역으로 넘어온 대표적인 경우다. 지난해 〈안녕하세요〉에서는 여자 친구에게 과도하게 집착하고 조금이라도 의심이 들면 화내고 폭언까지 하는 남성의 사연이 소개되었고, MC 신동엽은 "이미 경미한 데이트 폭력"이라고 지적했다. 경미하다는 부연을 붙일 필요는 없었겠지만 적절한 진단이었다. 하지만 이상하지 않은가? 1년 후 자사 시사 고발 프로그램에서 중요한 사회적 범죄로 지적하게 된 데이트 폭력에 대해 예능에서 다루며 가해자에게 따끔하게 한마디 하는 것으로 마무리하는 건 안일하고도 안일하다. 이것은 당사자 개인에게도 실질적 해결이 아니며, 구조적 문제를 지우고 한 개인의 잘못으로 문제를 축소하는 것이기도 하다.

예능에서 다룰 수 있는 사안의 경중을 파악하지 못하는 〈안녕하세요〉의 문제가 최근 한국 예능 전반에 제기되는 젠더 감수성 부족과 연결되는 건 필연적으로 보인다. 가정 폭력과 데이트 폭력 모두 이성과의 관계를 소유 모델로 인식하는 남성 지배적인 사회에 광범위하게 퍼져 있는 체제적 특징이다. 즉 이들 폭력이 단지 둘이

서 해결해야 할, 잘해야 조언 이상으로 개입할 수 없는 사적인 문제로 인식되는 것 자체가 남성 중심적인 공사 분류에 의한 것이다. 이러한 잘못된 분류와 인식은 앞서 보았듯 〈안녕하세요〉 안에서 끊임없이 재생산되고 있다. 29세 여동생에게 집착하고 '아기'라고 호칭하는 오빠에게 신동엽은 "어릴 적 하던 소꿉장난을 혼자 계속하는 중"이라고 심리적으로는 꽤 적절한 진단을 내렸지만, 자기 오빠는 무뚝뚝해서 조금은 부럽다는 모모랜드 주이나, 오빠가 문제를 깨달았으니 금방 나아질 거라는 NCT 127 도영의 발언이 더해지며 오빠와 여동생 간의 젠더 불평등과 부조리는 지워진다. 사연의 심각성이 제대로 다뤄지지 않고 다음 날 연예 뉴스에서 '고구마 사연' 정도의 수식으로 반복되는 상황에서, 웃음이 아닌 분노의 양태로 드러날 뿐 각각의 폭력적인 사연들이 얕게 자극적으로 소비되는 건 매일반이다. 다시 말하지만 이런 프로그램을 공영방송에서 봐야 할 이유가 있을까.

지난 4월, KBS는 지난 몇 년간 정권에 부역하고 공영방송으로서의 경쟁력을 발휘하지 못한 것을 내부 비판하는 특별 프로그램 〈끝까지 깐다〉를 특별 편성해 자체적인 개선 의지를 드러낸 바 있다. 하지만 KBS 콘텐츠 질적 하락의 책임을 정권 부역의 암흑기에 돌리는 건 오히려 그들의 문제를 축소 왜곡하는 것처럼 보인다. 한때 KBS 광고 수익의 상당 부분을 책임지던 〈개그콘서트〉가 몰락한 건 풍자에 성역을 둬서가 아니라 여성과 소수자를 희화화해서인 것처럼, KBS 예능이 권력과 상관없이 사회적 불의에 가담한 건 딱히 새로운 일이 아니다.

정권 교체 후 새로이 결의를 다진 〈추적 60분〉에서 데이트 폭력을 다룰 때, 같은 방송사의 〈안녕하세요〉에서 가정 폭력에 준하는 문제들을 예능으로 소비한다면 과연 우리는 그 결의를 신뢰할 수 있을까. 정말로 KBS가 스스로 밝히듯 공영방송으로서 더 나아질 의지가 있다면, 구조적 불의에 동참한 것이 부끄럽다면, 망설일 이유가 없다. 〈안녕하세요〉 폐지는 가장 빠르고 쉽게 KBS에 누적된 콘텐츠 적폐를 개선하는 방법일 것이다. 지금 그 사연들은 예능 스튜디오로 가져와선 안 된다고, 법과 시민사회의 도움을 받아야 할 사안이라고 말해주는 것이 공영방송의 '대국민 토크쇼'가 해야 할 일이다. 20180511

+ 지난 2018년 KBS 연예대상은 굉장히 양가적인 감정이 오가는 순간이었다. 오랜 시간 〈안녕하세요〉 팀을 지키고 MBC 〈전지적 참견시점〉으로 화려하게 부활한 이영자가 대상을 탄 것이 기쁘면서도, 하필 〈안녕하세요〉 멤버로 상을 탄 것이 씁쓸했다. 나는 그냥 KBS가 이영자의 공로를 인정해 대상을 안겨주는 것을 마지막으로 〈안녕하세요〉를 폐지하고 그를 위한 멋진 여성 예능을 새로 만들 계획일 것이라고 행복 회로를 돌리기로 했다.

소니코리아여,
플스4는 당신들 광고보다
더 위대하다

아내는 게임을 하지 않는다. 하지만 집에서 플레이스테이션 4(이하 플스4)를 사용하는 시간은 나보다 월등히 많다. 플스4를 이용하면 스마트폰이나 태블릿 PC보다 훨씬 큰 TV 모니터로 널찍하게 넷플릭스를 시청할 수 있기 때문이다. 온라인을 통해 공개된 플스4 광고 '허락을 위한 분명한 명분' 시리즈에 대해 정치적 올바름을 떠나서도 선뜻 이해되지 않는 건 그래서다.

내용은 이렇다. 남편이 아내에게 플스4 구매를 허락 받기 위해 온라인 커뮤니티 내 '팀 듀얼쇼크'의 도움을 받아 구매에 성공한다는 것. 게임을 좋아하는 남성과 그걸 이해하지 못하는 여성이라는 고릿적 스테레오타입도 문제지만, 근본적으로 이 광고는 그런 고정 관념 안에 플스4를 구겨 넣느라 이 제품이 열어줄 수 있는 다양한 가능성을 조금도 어필하지 못한다. 플스4는 뛰어난 콘솔 게임기인 동시에 DVD 및 블루레이 플레이어이며, 넷플릭스와 유튜브를 큰 화면과 빠른 속도로 즐길 수 있는 기계다. 소셜 네트워크와도 연동할 수 있다. 이미 플스3 발매 당시에도 소니는 해당 제품이 종합 엔터테인먼트 기기라는 것을 강조했다.

물론 이 기계가 가장 위대해지는 순간은 〈라스트 오브 어스〉 같은 게임을 플레이할 때다. 하지만 그 위대함은 파트너와 함께 소파에 앉아 플스4로 넷플릭스 오리지널 다큐멘터리인 〈오쇼 라즈니쉬의 문제적 유토피아〉를 밤새 보며 이야기하는 즐거움과 얼마든지 공존할 수 있다. 하지만 이번 광고는 정작 플스4가 줄 수 있는 이토록 다양한 경험을, 서로 다른 취향의 소비자들을 만족시킬 수 있는 가능성을 조금도 보여주지 않는다. 아니, 차라리 배제한다고 말하는 게 적당할 것 같다. 이건 실패한 광고다.

실패한 광고로서의 '허락을 위한 명분' 편은 제품으로서의 플스4를 홍보하는데 집중하기보다는 게임이라는 취향을 끈끈하게 공유하는 가상 공동체의 의리와 공감대를 강조한다. 그것 자체는 문제가 아니지만, 이 취향 공동체의 가치를 더욱 특별하고 은밀한 것으로 만들기 위해 그들은 이 가치를 이해하지 못하는 외부를 설정하고 타자화한다. 그것은 아내다. 게임의 즐거움을 이해해주지 못하는 아내로부터 소중히 지켜내야 할 우리의(남성들의) 취향 플스4. 이것은 실재하는 여성 게이머들의 존재를 지운다는 점에서 여성혐오적이며, 잠재적 게이머로서의 여성을 인정하지 않는다는 점에서도 여성혐오적이지만, 무엇보다 여성과 아내를 합리적 소통과 합의의 대상으로 바라보지 않는다는 점에서 여성혐오적이다.

얼핏 광고 안에서 플스 4를 구매하려는 남편과 그걸 반대하는 아내는 서로를 이해하지 못한다는 점에서 서로를 타자화하는 것처럼 보이지만, 남편은 자신의 취미를 이해받지 못하는 존재로 그려지는 반면, 플스4 구매를 반대하는 아내의 모습은 불을 뿜는 게임 속 몬스터로 형상화된다. 다시 말해 이해받지 못하는 약자의 포지션을 획득하는 건 남성이지만, 여성은 이해할 필요도 없는 대상이다. 서로의 당위는 동등하게 다뤄지지 않는다. 실패한 광고가 여성혐오 서사로 성공하는 건 이 지점이다.

얼핏 이번 광고가 '허락보다 용서가 쉽다'는 카피와 함께 기혼 남성들에게 플스4를 아내 몰래 지르라고 획책하던 2016년 광고만큼 무책임해 보이진 않을 수 있다. 하지만 가정 내 약자이자 불쌍한 남편 서사를 확대 재생산하기 위해 수많은 전후 맥락을 지워버린다는 점에서 '허락을 위한 명분' 편은 더 기만적이고 뻔뻔하다. 게임을 좋아하는 남편과 그게 못마땅한 아내의 구도가 고정된 성 역할을 재생산한다는 당위의 문제를 차치해도, 광고 속 부부의 대립 구도는 그것이 실재하는 경우에조차 상당한 기만을 숨기고 있다.

가정을 함께 운영할 파트너로서 아내가 게임하는 남편을 못마땅해 하는 건 일반적으로 게임이라는 취향을 이해하지 못해서가 아니라, 남편이 게임에 빠져 가사 분담과 부부로서의 파트너십을 소홀히 하기 때문이다. 당장 KBS 〈안녕하세요〉만 봐도 가사나 아내와의 대화는 담 쌓고 게임과 자기 취미에 몰두하는 남편의 사연이 수두룩하다. 게임하는 남편이 꼴 보기 싫다면 게임하는 시간뿐 아니라 그 앞뒤 시간의 행동도 문제라는 뜻이다. 광고에서 '팀 듀얼쇼크'는 아내를 설득하기 위해 게임 CD 가격을 플레이 타임으로 나누면 오히려 웬만한 취미 활동보다 싸게 먹힌다고 말한다. 동의한다.

하지만 적어도 게임을 조금이라도 아는 사람이라면 엔딩까지 15시간이 필요한 〈몬스터 헌터〉 공략을 위해 15일 동안 하루 1시간씩만 규칙적으로 게임을 하리라고는 믿지 않을 것이다. 그렇다면 남편이 해야 하는 건 하루 30분~1시간만 게임을 즐기거나 주말 밤부터 아침까지 게임 공략을 위해 하얗게 불태우더라도 나머지 일요일 낮 시간을 가족과 함께 보내겠다는 약속이다. 그에게 필요한 건 명분이 아닌 신뢰다. 파트너에게 신뢰를 줘야 할 시간에 광고에서처럼 인터넷 남초 커뮤니티에 "아내를 얻으니 플스를 잃네요"라고 징징대고 있는 남편감이라면, 그 시간에 아내는 여초 카페에 "남편이 파트너로서 신뢰가 안 가는데 이 결혼 해야 할까요?"라고 질문하고 있을 것이다. 누구의 고민이 더 절실한가? 하지만 철저히 남성의 관점에서 진행되는 광고에서 이러한 맥락은 지워지고 약자이자 피해자인 남편의 모습만 남는다. 가증스러운 일이다.

앞서 실패한 광고라고 말했지만, 좀 더 정확히 말해 이것은 플스4라는 제품에 대한 광고가 아니다. 플스4는 이야기의 중심이 아닌 맥거핀일 뿐이다. 광고의 두 번째 에피소드에서는 '팀 듀얼쇼크'의 기지로 플스4를 구매한 후, 자신의 〈철권〉 플레이에 남편이 참견하는 것에 짜증난 아내가 영화를 보겠다며 자리를 뜬다. 또 다시 남편은 아내와 플스의 공존에 어려움을 느끼며 세상 불쌍한 표정을 짓지만, 플스4의 동영상 스트리밍 혹은 블루레이 플레이어 기능으로 아내와 함께 영화를 볼 시도는 하지 않는다. 아니, 진즉에 게이머로서의 아내를 존중하고 게임에 참견하지 말아야 했다. 조금씩 플레이에 익숙해져가는 과정 역시 플스4와 여러 게임 타이틀이 주는 즐거움 중 하나다. 결국 이 서사에서 중요한 건 플스4의 장점이 아니다. 플스4로 과잉 대변되는 나만의 취향, 나만의 시간, 나만의 소유물에 대한 나르시시즘이다. 실제로는 자기만 소중한 이기적 남자의 얼굴이지만 플스4라는 거울을 통해 철없고 무해한 척 하는 그런 나르시시즘.

하여 이번 '허락을 위한 명분' 광고에서 말하고 있는 것은 플스4를 구매하기 위한 명분이 아니다. 오히려 그 반대다. 플스4가 남성들의 자기만족과 자기기만을 위한 명분이 되어주는 것이다. 이것이 역으로 남성 소비자들의 구매욕을 자극할 수 있을까? 어느 정도 그럴 수도 있겠지만 스스로 소비자 확장을 배제하고 특정 소비층의 나르시시즘만을 자극하는 광고가 상업적으로 성공하긴 어려워 보인다. 그보단 여성 간 갈등과 신뢰, 파트너십의 과정을 끝내주게 그려낸 〈언차티드- 잃어버린 유산〉에 몰입한 여성 유저의 모습을, 유튜브의 유아용 동영상을 TV 화면으로 보며 신나 하는 아이들의 모습을 함께 보여주는 것이 더 낫지 않았을까. 넓은 화면으로 넷플릭스를 시청하는 것이 웬만한 IPTV의 VOD 서비스보다 좋다는 것을 강조해도 좋지 않았을까.

플스4 유저로서 단언하겠다. 플스4는 광고에서 보여준 것보다 훨씬 사랑스러운 기계다. 왠지 모르겠지만, 소니코리아와 광고 제작사만 꾸준히 이를 부정하고 있다. 20180803

+ 재밌게도 이 글에 대해 '플스4가 이렇게 좋은 기계인 줄 몰랐다. 사고 싶어졌다'는 반응이 많았다. 왜 소니코리아는 이런 부분을 어필하지 않느냐는 이야기도 있었다. 아마도 이 글을 쓸 때 진심으로 플스4에 대한 애정을 담았기 때문이겠지만, 그건 그만큼 그동안의 플스4 광고가 남성 연대가 상상하는 '소년 같은 나'라는 허상을 자극하는데 애썼기 때문일 것이다.

흔히 키덜트라고도 하지만, 한국 남성들은 실용적이지 않은 장난감에 돈을 투자하는 자신의 모습에서 뭔가 소년 같은 귀여움을 상상하는 듯하다. 이러한 헛된 상상 속에서 플스4 같은 엔터테인먼트 기기들은 그 자체의 실용성 때문에 존재하기보다는, 오히려 아이 같은 자신의 순수함을 증명하기 위해 존재한다. 때문에 장난감의 잉여적 성격만이 강조되며 이것을 여성들이 이해하지 못할 것이라 가정한다.

왜냐고? 그들이 보고 싶은 건 플스4의 진정한 가치가 아니라, 비싼 장난감에 열광하는 귀엽고 순수하고 소년 같은 자신이기 때문이다. 명확히 말하겠다. 그딴 건 없다. 조금도 귀엽지 않다. 정신들 차려라.

장애인 차별에 공모한 MBC 예능 투톱, 〈나 혼자 산다〉와 〈전지적 참견시점〉

너무 쉽게 폭력의 공모가 이뤄지는 현장을 볼 땐 가슴이 철렁하다.

지난 8월 17일 〈나 혼자 산다〉에서 멤버들이 기안84의 지도 아래 무에타이를 배우던 중 양쪽의 관자놀이를 오른쪽 주먹과 왼쪽 팔로 막는 가드 자세에 대해 '회장' 전현무는 "이거 동네 바보 동작이야?"라는 말로 장애인 비하의 포문을 열었다. 저열함의 전염은 빨랐다. 너나 할 것 없이, 이시언, 박나래, 쌈디 등은 기안84의 지도보다 훨씬 과장된 폼으로 팔이나 몸을 웅크리고 뒤튼 자세를 표현했다. 그들이 흉내 낸 것이 '동네 바보'로 통칭되는 발달 장애인이라는 것은 너무 명백해서 보면서도 눈을 의심할 정도였다.

그저 무에타이 기본 가드 자세가 우스꽝스러워서 과장했을 뿐이라는 변명은 말이 안 된다. '동네 바보'라는 말이 나온 뒤에 과장된 신체 희화화가 어떤 의미로 해석될지 생각할 줄 모른다면, 그들은 지적 비장애인일지언정 시민으로서의 지성을 보여주지 못한 셈이다. 하지만 이 공모를 〈나 혼자 산다〉 '무지개 회원'들만의 것으로 축소할 수는 없다. 해당 장면을 보여주며 역시 '동네 바보 동작'이라는 전현무의 코멘트를 그대로 자막으로 내고 멤버들의 장애인 흉내를 그대로 이어 붙이며, 이후 원투 동작을 하는 모습에 대해 VCR룸에서 또 한 번 "동네 바보들 같아"라던 박나래의 코멘트까지 굳이 또 붉고 굵은 자막으로 내고야 마는 〈나 혼자 산다〉 제작진들 역시 저열한 폭력의 공모자다.

동네 바보라는 말이, 장애인 흉내를 웃음 코드로 쓰는 것이 왜 장애인 비하이고 혐오인지 설명하는 것에 긴 시간을 들이지는 않겠다. 그들의 일상은 당신들의 코미디 소재가 아니다. 물론 이 당연한 명제가 하나의 구체적인 요구로 등장하기까진 꽤 오랜 시간이 걸렸다. 그 스스로 지적 장애인의 어머니인 《사양합니다, 동네 바보 형이라는 말》의 저자 류승연은 단언한다. "발달 장애인에 대한 부정적 이미지를 확산시키는 데에는 텔레비전이 한몫한다. (중략) 내가 어릴 적 폭발적인 인기를 누리던 영구, 맹구도 모두 발달 장애인이었다. 인지가 낮아 상황 파악을 잘 못해 엉뚱한 말을 하는 발달 장애인, 어른이 되어서도 유아기적 언어를 사용하는 발달 장애인.

개그맨들은 발달 장애인의 그런 부분을 부각해 남을 웃기는 재료로 사용했다."

방송에서 발달 장애인을 희화화하는 불의의 역사는 오래됐다. 그리고 바로 그 오래된 관성을 통해 여전히 현재 진행형으로 등장하고 있다. 〈나 혼자 산다〉만이 아니다. 지난 7월, 〈나 혼자 산다〉와 함께 현재 MBC 예능 투톱이라 해도 무방할 〈전지적 참견시점〉에 출연한 신현준은 고정 패널들의 요청으로 자신이 출연했던 영화 〈맨발의 기봉이〉 흉내를 보여준 바 있다. '기봉이 인사'를 해보라고 요청한 이영자도, 평소 누구보다 섬세한 진행을 하지만 그날만큼은 신현준에게 기봉이 흉내를 기어코 시킨 송은이도, 말을 더듬으며 "안녕하세요. 신… 신… 신현준이에요"라고 인사한 신현준도, 그걸 보자마자 박장대소한 패널 및 게스트 전원도, 그리고 그것에 대해 아무런 문제의식을 느끼지 못하고 방영을 결정한 〈전지적 참견시점〉 제작진도, 〈나 혼자 산다〉가 그러하듯 전원 다 장애인 비하에 공모한 셈이다.

하지만 문제는 2018년에도 이런 장애인 비하 개그가 알만한 예능 프로그램에서 나온다는 것만은 아니다. 방송의 영향력만으로 따지면 MBC 예능의 전설인 〈무한도전〉에서 2015년에 만든 '바보전쟁- 순수의 시대'가 더 크고 문제적일 것이다. 해당 프로그램에서 출연자들이 얼마나 자주 코 밑에 흰 칠을 콧물처럼 그려놓고 희화화된 동네 바보 이미지를 연기했는지 떠올리는 것도 어렵지 않다.

〈전지적 참견시점〉과 〈나 혼자 산다〉가 저지른 잘못은 그 연장선에 있다.

그럼에도 〈나 혼자 산다〉의 경우가 유독 실망스러운 건, 현재 MBC 예능이 인권 감수성에 대한 최소한의 학습 능력도 보여주지 못해서다. 잘 알려진 것처럼 〈전지적 참견 시점〉은 이영자가 어묵을 먹는 장면에 세월호 뉴스 속보 장면을 합성해 넣었다가 내부 조사 및 자숙 기간을 거쳐 제작진을 교체한 바 있다. 약 두 달여 뒤, 다시 시작된 〈전지적 참견 시점〉은 자막으로 세월호 유족과 시청자에게 "웃음 대신 공분을 일으킨 저희 잘못"을 사과하고 "보다 좋은 프로그램"을 만들 것을 다짐했다. 그리고 단 일주일 뒤에 신현준에게 기봉이 연기를 시키고 모두가 깔깔 웃었다. 그들이 생각하는 방송의 인권 감수성이란, '일베' 수준으로만 떨어지지 않으면 그만인 것일까. 방송의 짧게 스쳐가는 순간만으로 어떤 이들에게 씻을 수 없는 상처를 줄 수 있다는 것을 경험하고, 또 반성하겠다고 했던 이들이 단 일주일 만에 발달 장애인을 웃음거리 삼는 장면을 아무 문제의식 없이 방영하는 것을 어떻게 받아들여야 하나.

당연히 비판이 있었다. 당장 〈경향신문〉도 '진부한 웃음 코드, 불편한 안방극장'이라는 기사를 통해 해당 방송에 대한 시청자들의 비판을 전했다. 하지만 앞서 확인했듯, 한 달이 조금 더 지나 〈나 혼자 산다〉에서 또 다시 '동네 바보'라는 표현과 발달 장애인에 대한 희화화된 흉내가 방송을 탔지만 이번엔 화제조차 되지 않고 넘어갔다. 화내야 한다. 안일하게 넘어간 선례는 결코 일회성 실수로 끝나지 않는다.

앞서 인용한 《사양합니다, 동네 바보 형이라는 말》이 발간되어 "인지 문제가 있는 발달장애인을 바보 취급하며 웃기는 존재로 묘사하는 걸 중단해달라"고 "방송국 관계자들과 PD들, 예능 프로그램 진행자 및 개그맨에게 강력히 요청"한 건 2018년 3월이다. 다시 말해 현재 지상파를 통틀어 가장 잘 나가는 두 예능 프로그램을 갖춘 MBC 예능국은 방송의 인권 감수성에 대한 새롭고 정당한 외부 요청에 대해서 학습하지 않았고 본인들의 실수를 통해서도 학습하지 못하고 있다. 흔히 지상파는 변화에 가장 느린 집단이라고도 하지만, 표현의 윤리적 기준에 있어선 가장 선두에 서야 하는 집단이다. 어용 경영진 교체 이후 방송 적폐를 극복해나가겠노라 말하는 MBC의 현재라면 더더욱.

이제 적지 않은 시청자들은 장애인 비하를 포함한 혐오 표현으로 웃겨서는 안 된다는 당위를 공유할 뿐 아니라, 그런 개그에는 웃지 못하게 되었다. 반대로 혐오 표현이나 막말을 즐기는 이들이라면 어차피 TV 대신 유튜브에서 철구, 보겸 등의 BJ 영상을 찾아볼 것이다. 이제 지상파 웃음의 경쟁력은 정치적으로 도덕적으로 걸리는 게 없는 마음 편한 웃음에 있다.

MBC를 비롯한 지상파 예능 제작진에게 필요한 것이 방송에 한정된 재교육인지, 아예 근본적인 재사회화인지 가늠하기 어렵다.

무엇이 됐든 방송국 내에서 책임감 있게 진행해야 할 테지만, 당장 어떤 표현을 쓰면 차별적 표현이 되는지 최소한의 금지어(동네 바보, 천생 여자, 상 남자 등등) 사전이라도 제작해 공유하는 방법도 있을 것이다. 규제라는 말은 본질을 비껴난다. 통용되던 불의를 제거하는 것 역시 진보다. 우리는 시청자로서 지상파에 그에 맞는 품위를 요구할 수 있고 해야 한다.

하지만 이 모든 이야기는 품위에 대한 것이 아니다. 최소한 폭력의 공모인은 되지 말라는 것이다. 과거 우리가 어떤 차별적 뉘앙스를 문제의식 없이 웃고 소비했을지라도, 그때는 맞고 지금은 틀린 게 아니다. 사실 그때도 틀렸다. 20180831

\+ 예능에서 하면 안 되는 것들에 대한 리스트를 뽑아 보겠다. 병X이나 동네 바보 등의 장애인 비하, 천생 여자와 상 남자 등의 성별 이분법, 무식 배틀, '야동' 언급, '시꺼먼스' 류의 인종차별, 아동 출연자에 대한 러브 라인 자막.

이런 표현을 없애는 것은 표현의 자유에 대한 통제가 아니다. 오히려 이런 차별적이거나 반지성적인 웃음은 사회적 약자들의 자유를 억압하는 효과를 낸다. 야동이라는 단어를 농담으로 쓰는 사회에서 여성 신체에 대한 불법 촬영과 공유가 쉽게 정당화되며, 아동 출연자의 러브 라인은 그들에게 이성애적 규범을 강제하는 동시에 당사자 동의 없는 무분별한 사생활 노출로 이어질 수 있다.

강자가 안전한 곳에서 낄낄댈 자유를 위해 약자들의 실존적 자유가 억압된다면, 무엇을 억제해야 할지는 꽤 명확하지 않을까.

백종원이라는 알파메일Alpha Male과 징벌 서사의 정당화

SBS 〈백종원의 골목식당〉(이하 〈골목식당〉)의 장르는 징벌이다.

'포방터 시장 편' 홍탁집 모자 에피소드에서 백종원은 주방 일을 어머니에게 전담시키고 별다른 일을 하지 않는 아들을 혼내는 데 주력했다. 평소 주방 일을 어느 정도 돕는다지만 실제로는 냉장고 어디에 어떤 재료가 있는지도 모르는 그에 대해 백종원은 "가식으로 똘똘 뭉쳤다", "더 망신당해야 한다"고 거침없이 쏘아붙였고, 자신에게 거짓말을 하면 안 된다며 과거 중국해서 했던 일이 정확히 무엇인지 밝히라고 요구했다.

백종원의 말대로 그 식당의 문제는 음식보단 사장의 나태함과 무관심이며, 계속해서 변명과 거짓말로 일관하는 그를 개조 혹은 갱생시키기 위해선 일종의 무장 해제가 필요했을 것이다. 재료 관리나 위생, 메뉴 구성에 있어 잘못을 인정하기보다 변명하거나 고집을 부리던 〈골목식당〉의 과거 출연자들도 종종 겪었던 일이다.

죽어가는 골목 상권이 있다. 백종원이 출동한다. 기본이 안 된 자영업자가 있다. 심지어 고집도 있다. 겸손히 배울 자세가 될 때까지 백종원이 해당 자영업자의 영혼까지 탈탈 털어 무력화시킨다. 출연자가 넙죽 엎드리고 가르침에 귀를 기울이기 시작하면 솔루션이 시작된다. 이것이 〈골목식당〉의 일관된 패턴이다. 이 과정은 백종원이 제시하는 검증된 레시피만큼이나 실용적이다. 홍탁집 사장은 백종원의 말대로 더 창피를 당해봐야 정신을 차릴지 모른다. 하지만 그것이 한 지상파 예능이 누군가의 망신을 생중계하고 모두가 손가락질 할 기회를 주는 대국민 사죄 쇼로 진행되어도 된다는 뜻은 아니다. 〈골목식당〉은 이런 징벌적인 서사 및 쾌감에 대한 당위적 근거를 마련하는 대신, 백종원이라는 존재의 권위로 알리바이를 대체한다.

얼마 전 대통령이 참석한 공정 경제 전략 회의에 초대된 것을 비롯해 최근 백종원은 한국 자영업 시장의 문제에 대한 해답 같은 존재처럼 받아들여지고 있다. 그는 직접 요식업에 진출했다가 스스로의 표현을 빌리면 날마다 눈물도 쏟았으며 커다란 실패도 맛보고, 그렇게 실패 속에서 성장해 자신의 식당과 프랜차이즈 사업을 성공시켰다. tvN 〈집밥 백선생〉에서 보여준, 돼지고기를 직접

발골할 줄 아는 성공한 요식업자 백종원의 모습은 한국이 오래도록 사랑해온 전통적인 입지전적 인물상과 딱 들어맞는다. 어떤 메뉴, 어떤 식재료에 있어서든 평가와 솔루션을 척척 내놓는 그를 보며 시청자들은(황교익을 제외하면) 미더움과 경외감을 갖는다.

'방송 천재'인 백종원은 자신이 얻은 상징 자본을 〈골목식당〉 안에서 적절히 사용한다. 뜨는 상권만 믿거나 인스타그램에 예쁘게 올릴 구성만 고민할 뿐인 이들은 백종원 입장에선 기초도 안 된 철딱서니 없는 존재들이다. 특히 남성 출연자들은 자신의 요리에 대한 타협 없는 태도(대전 청년구단 막걸리)를 보이거나, 가르침을 받아도 그대로 안 하거나(뚝섬 햄버그스테이크), 불필요한 기 싸움을 하며(대전 청년구단 초밥), 비판을 피하기 위해 거짓말도 불사한다(뚝섬 장어). 이렇게 자신의 잘못을 인정하기 싫어하고 조언을 들을 준비가 안 된 남성들에게 백종원은 특화된 존재다. 이미 〈집밥 백선생〉에서 백종원은 은근슬쩍 서열 놀이를 하던 김구라의 참견을 제지하며 선생과 제자 관계를 확실히 정립한 바 있다. 고집 부리고 자기 잘난 맛에 사는 수컷은 더 강하고 훨씬 치밀한 수컷만이 길들일 수 있다. 백종원은 말하자면 진화한 형태의 알파 메일, 우두머리 수컷이다.

엉망인 식당을 정상화하고 상권을 살리기 위해선 이 알파 메일의 권위에 고분고분 따르는 게 현명한 선택일 것이다. 푸드 칼럼니스트 이해림은 '백종원이 쏘아 올린 작은 공'이란 칼럼에서 "성실한 희생자들 사이에 숨어 있는 '망할 만했던' 사장님들을 누구도 끌어내어 혼내지 않았다. (중략) 그런데 그 힘든 일을 백종원이 했다"고 그의 결단력을 인정했고, 소설가 장강명은 '〈백종원의 푸드트럭〉을 보다가'라는 글에서 "우리는 부조리에 저항하는 정신만큼이나 생존의 감각과 현실의 기술이 동시에 필요하다"며 백종원이 갖춘 "상인의 현실 감각"을 상찬했다.

하지만 이들의 관점에 정서적으로 공감하며 고개를 끄덕이다가도 백종원이 권위로서 상대방을 제압하는 방식이 이명박 스타일의 "내가 해봐서 아는데"와 대동소이한 서사 구조를 지니고 있다는 것을 떠올리면 위화감을 느낄 수밖에 없다. 물론 백종원과 이명박을 동일선상에 놓는 것은 전자에 모욕적인 일이다. 이명박은 실용주의를 참칭한 사기꾼일 뿐이다. 다만 〈골목식당〉에서 보여주는 백종원의 모습은 자신의 경험에 절대적 지위를 부여하고 복종을 요구하는 가부장적 모델과 크게 다르지 않다. 백종원의 솔루션은 컨설팅보다는 훈육에 가깝다. 그의 권위는 엄한 아버지의 모습으로 구현된다. 늦잠을 자고 공부를 게을리 하고 게임을 하느라 바쁜 아이를 혼내는 아버지. 자식 잘되라고 엄하게 대하는 아버지. 그리고 모두들 아버지 말대로 하는 게 맞다고 말해주는 그런 아버지. 전문가로서의 권위는 〈골목식당〉의 훈육 서사를 통해 가부장적 권위로 전환된다.

물론 알파 메일로서의 백종원을 가부장적인 꼰대라 말할 수는 없다. 그가 훈육하는 아버지 모델로 접근해 문제를 해결하는 건 어느 정도 불가피한 일이다. 문제는 그것을 소비하는 방식이다. 앞서 말한 것처럼 어느 시점부터 〈골목식당〉은 노골적일 정도로 백종원의 솔루션을 징벌 서사로 구성한다. 미숙한 장사꾼이 성공하기 위해선 쓴소리도 감수해야 한다는 것과 미숙한 장사꾼이 욕먹어도 싼 사람이라는 건 전혀 다른 개념이다. 〈골목식당〉이 징벌 서사인 건 후자의 방식으로 프로그램의 갈등 구조와 재미를 만들어내기 때문이다. 한정된 시간 안에 문제를 해결해야 하는 입장에서 백종원은 지루한 설득 대신 자신의 권위로 밀어붙이는 것이 나을 수 있다. 하지만 〈골목식당〉은 그러한 불가피함을 설명하기보다는 출연자들의 고집과 미숙함처럼 비호감인 부분을 강조하고 누군가 혼나고 모욕당하는 것을 지켜보는 것에 대한 심리적 장벽을 지워버린다.

백종원이 옳은 지적을 하는 것과는 별개로, 약자가 강자에게 혼나는 모습을 보며 즐거워하거나 누군가를 미숙하고 비호감이란 이유로 미워하는 것은 어떻게 봐도 병적인 것이다. 그럼에도 그러한 비난은 방송 바깥에서 쉽게 정당화된다. 그들을 혼내는 것이 백종원이기 때문이다. 모두가 인정하는 무리의 알파 메일, 그리고 아버지의 법. 가부장적 권위는 강력한 가부장의 존재로 시작되지만 또한 그의 관점을 다른 구성원들이 내면화하는 것으로 완성된다. 〈골목식당〉의 시청자들은 자신들과 훨씬 가까울 일반인 자영업자의 입장에서 혼나는 기분을 느끼기보다는 백종원의 입장에 서서 징벌 서사의 쾌감을 정당화한다. 가부장적 서사는 새로운 방식으로 회귀한다.

포방터 시장 홍탁집 에피소드에서 백종원은 장사에 마음 붙이지 못하는 아들 때문에 눈물 흘리는 어머니에게 자신을 "사우디에서 돌아온 삼촌" 정도로 생각해달라고 했다. 어머니의 마음을 단번에 든든하게 해준 그의 화법은 여전히 놀랍지만, 누군가를 갱생시키기 위해 선택한 방식이 아버지의 권한을 대행하는 형태라는 것은 흥미로운 우연이다. 포화를 넘어서 무너져가는 자영업 시장을 비롯해 모든 것이 불안하고 불확실한 시대에 결국 사람들이 기대고 싶은 건 성공한 알파 메일의 서사다. 우리 가족을 책임져줄 아버지의 서사. 홍종학 중소벤처기업부 장관이 "백 대표 같은 분이 손오공이 되어 분신을 만드셔야 하지 않을까"라고 말한 것도 비슷한 맥락이다.

이것 자체를 퇴행적이라 쉽게 말할 수는 없다. 다만 경험적 지혜를 존중하는 것과 추종할 만한 권위를 찾아 기대는 것, 성공을 위한 노력을 요구하는 것과 성공하지 못한 이들을 노력하지 않았다고 구박하는 것, 미숙해서 혼날 수도 있다는 것과 미숙한 건 혼나 마땅하다는 것 사이엔 명확한 구분선이 없다. 그 사이에서 끊임없이 실천적 위치를 확인하고 고민하지 않으면 과거의 억압적 가부장제 사회처럼 언제든 강한 우두머리 수컷에 대한 동경은 약자에

대한 혐오로 이어질 수 있다. 치열함은 요식업자에게만 요구할 미덕이 아니다. 20181116

+ 나도 백종원의 방송을 좋아한다. 말도 잘하고 지식도 풍부하며 무엇보다 상황마다 가장 적절한 반응을 보인다. 마찬가지로 〈골목식당〉에서 백종원이 일반인 사장을 대상으로 벌이는 훈육의 현장이 부당한 건 아니다. 아니, 꽤 정당화될 수 있다. 문제는 그 상황이 정당하다고 해서, 그것을 방송으로 송출해 모든 시청자들이 일반인 출연자에게 손가락질을 할 판을 깔아주는 것도 정당화되는 건 아니라는 것이다.

미숙한 약자를 갱생시키기 위한 솔루션 프로그램이 미숙한 약자를 비난하는 방식으로 소비되는 것은, 말하자면 일종의 자기 부정이다. 그 자체로서도 문제지만 이러한 징벌 서사에 대한 소비와 쾌감은 언제든 쉽게 약자 혐오로 이어질 수 있다. 제작자의 의도와 텍스트의 의도, 그리고 텍스트의 의도가 실제로 소비되는 맥락은 제 각각 다르다. 그것을 읽어내는 예민함이 비평가에게만 요구될 이유는 없을 것이다.

〈계룡선녀전〉과 〈일단 뜨겁게 청소하라〉, 웹툰 원작 드라마에 한국 남자 패치가 붙으면

왜 드라마로만 오면 한국 남자 패치가 붙는 걸까. 동명의 웹툰을 원작으로 한 드라마 tvN 〈계룡선녀전〉, JTBC 〈일단 뜨겁게 청소하라〉 이야기다.

각 원작 웹툰의 남자 주인공 정이현과 장선결은 각각 자신만의 세계가 뚜렷한 동시에 굉장히 예민한 사람이다. 생물학과 교수인 이현은 경험에 기초한 지식만을 믿고 눈에 보이지 않는 형이상학적 관념을 배격하는 실증주의자이며, 유명 청소 업체 '청소의 요정' CEO인 선결은 모르는 사람과 옷깃만 스쳐도 견디지 못하는 극도의 결벽증을 갖고 있다. 어떤 의미로든 까다롭고 곁에 두기 피곤한 타입의 사람들이다.

다만 다행히도 이들은 자신들의 예민함을 아무 때고 무기처럼 휘두르진 않는다. 이현은 스스로를 선녀라 주장하는 선옥남이 자신의 눈에만 젊은 여성으로 보이는 것에 대해 혼란스러워 하지만, 그에 대한 논리적 해답을 궁리할지언정 옥남에게 까칠하게 굴진 않는다. 선결 역시 호감을 갖고 대화 중이던 여성의 귀에서 귀지를 발견하자 식겁해하지만, 그 앞에선 티를 내지 않고 신사적으로 헤어질 줄 안다. 그들은 세상 속에서 자신만의 세계를 유지하려 노력하는 것과 자신의 세계를 세상에 강요하는 것을 어느 정도 구분할 줄 안다. 이처럼 까다로우면서도 어딘가 아슬아슬한 이들의 정체성은, 하지만 드라마로 옮겨 오며 훨씬 단순하고 무례한 방식으로 변화한다.

〈계룡선녀전〉의 경우 방영 초기부터 조악한 CG와 함께 이현 역을 맡은 배우 윤현민의 연기력 논란이 있었지만, 사실 연기력 문제라고만 하기에 이미 각색 단계에서 원작과 상당히 다른 캐릭터 해석이 가미됐다고 보는 게 옳다. 예를 들어 할머니였던 옥남이 젊은 모습이 된 걸 목격했던 이현이 우연히 옥남과 재회했을 때, 원작에선 대체 이것이 어떻게 된 일인지 이해할 수 없어 "LSD? 집단 최면?"이라며 질문했다면 드라마의 이현은 "커피에 뭐 넣은 거 맞지?", "난 진실을 알아야겠으니 어디 도망갈 생각 꿈도 꾸지 마요"라며 거의 으름장을 놓는다. 〈일단 뜨겁게 청소하라〉의 선결(윤균상) 역시 원작과 동일한 장면에서 전혀 다른 모습으로 해석된다. 위에서 언급한 귀지를 발견한 장면에서 원작과 달리 그가 먹던 커피를 뿜는 것 정도는 얄팍하지만 희극적인 과장이라고 치자(그토록 청결에 신경 쓰던 그가 자기 옷에 묻은 커피는 신경도 쓰지 않는 것도 잠시 잊어주자). 하지만 상대방의 인사조차 제대로 받지 않고 줄행랑치는 모습은 사회화된 개인으로서도, 대외 활동을 하는 CEO로서도 실격이다.

물론 캐릭터와 대사를 변주하는 건 드라마 제작진의 재량이다. 좋은 웹툰 원작에 세대론적인 관점까지 잘 이식했던 tvN 〈미생〉의 경우 장백기(강하늘)를 장그래(임시완)와 대비되는 냉철하고 냉정한 젊은 엘리트로 그려내면서 주제 의식을 더욱 선명하게 드러낸 바 있다. 〈계룡선녀전〉과 〈일단 뜨겁게 청소하라〉의 문제는 이현과 선결, 두 주요 남성 캐릭터에게서 원작의 개성을 지우고 이들을 한국 드라마 속 흔한 '버럭남' 혹은 '까도남' 캐릭터로 만들었다는 점이다. 이현의 경우 앞서의 장면 이후 옥남을 해코지하나 싶어 등장한 구 선생(안길강)에게 목청을 높여 대거리를 하다가 핫도그에 발라진 케첩을 구 선생 셔츠에 묻히고선 사과조차 하지 않는다. 원작의 이현이 이해할 수 없는 현상에 대해 과학자로서의 의심을 거두지 않고 탐구하느라 미처 예의를 지키지 못할 때도 있는 인물이었다면, 드라마의 이현은 그냥 예의가 없는 사람이다.

마찬가지로 선결 역시 만화 원작에선 자신의 위생 기준을 지키는데 신경이 곤두서서 종종 과민 반응을 보였던 인물이라면, 드라마에선 대놓고 까칠함을 드러낸다. 만화 원작에서 오솔에 대해 오해하고 그를 해고할 명분만 궁리하던 선결이 선량한 고용주는 아닐 것이다. 하지만 그럴 때조차 그는 자신이 오솔을 부담스러워하는 것을 들키지 않기 위해 애쓰고, 오솔이 한 명 몫을 해내는 직원으로서 동료들에게 인정받자 자신의 계획을 일시적으로 포기할 줄 아는 인물이었다. 반면 드라마 속 선결은 비서를 대동한 채 시종 거만한 표정으로 돌아다니며, 업무 중 실수한 오솔(김유정)을 혼내는 과정에서 "어울리지 않는 옷이며 화장이며 끝나고 소개팅 하러 갑니까? 아니면 괜찮은 고객 있으면 한 번 들이대보려고?"라며 실수와 관계없는 것까지 싸잡아 모욕한다.

경험적 진실에 대해 집착하던 이현이 드라마를 통해 흔한 '버럭남'이 되었다면, 선결은 싸가지 없는 흔한 재벌 3세 캐릭터가 됐다. 원작에서의 그들이 괴팍하면서도 매력적이었던 건 마냥 마이웨이로 사는 것처럼 보이는 그들이 실은 세상과의 괴리 안에서 수많은 마음속 전쟁을 벌였기 때문이다. 그것이 예민함의 본질이다. 하지만 드라마에서의 그들은 마음속 전쟁은커녕 단 한 순간도 참지 않는다. 회식 자리에서 옥남에 대해 왈가왈부하는 조교들에게 술을 권하며 조용히 시키는 동일한 장면에서조차 드라마의 이현은 벌떡 일어나 "조교들!"이라고 버럭 소리를 지르고야 만다. 활자로 대사를 보는 만화와 달라 혹여 대사를 듣지 못할 것을 염려한 제작진의 배려인 걸까.

왜 안하무인에 목소리 큰 남성을 TV 안에서까지 봐야 하느냐는 당연한 불만을 차치하더라도, 서사가 무례한 남성을 품어줄 때 그 피해는 고스란히 여성 캐릭터의 몫이 된다. 단순히 그 성깔을 받아줘야 한다는 뜻만은 아니다. 무례한 남자와의 이성애 로맨스는 여성의 주체성을 상당히 훼손할 수밖에 없다. 〈계룡선녀전〉 원작에서 자신의 세계에 대한 강한 확신을 가지고 있던 이현은 옥남을 만나면서부터 흔들리고 자기 자신에 대해 질문하기 시작했다. 이성애적 로맨스는 장치일 뿐, 중요한 건 이현을 포함한 각 인물들이 타인과의 관계를 통해 역설적으로 온전한 자기 자신을 찾는 것이다. 이 구도에서 옥남은 선인의 도를 지닌 굳건한 존재로서 흔들리지 않고 이현과 김금에게 선한 영향력을 미친다.

하지만 정작 드라마는 '버럭남' 이현이 옥남에게만 자상해지는 모습에 집중한다. 얼핏 이현의 변화를 보여주는 것 같지만, 실제론 까칠하지만 내 여자에게만 따뜻한 남자와 그런 남자에 끌리는 여성이라는 한국 드라마의 클리셰가 반복될 뿐이다. 심지어 원작에선 이현과 막역하면서도 적절히 건조한 관계를 유지하던 이함숙조차 이현을 짝사랑하는 '츤데레'라는 설정이 추가되어 원작에 없던 삼각관계가 만들어지고, 함숙과 옥남은 서로를 질투하기까지 한다. 어쩔 수 없다. 무례한 성격 파탄자를 매력적인 것처럼 묘사하기 위해선, 예외적 관계에 큰 의미를 부여하거나(옥남) 서로 무례한 말을 주고받으면서도 속으로 설레는(함숙) 여성이 그깟 남자를 두고 다

투기까지 해야 한다.

결국 서사 안에서 확대되는 건 무례한 남성의 영향력이다. 〈일단 뜨겁게 청소하라〉 원작 웹툰은 명백한 이성애 로맨스지만, 여기서 선결과 오솔은 치유적인 관계다. 오솔을 통해 예민한 선결은 조금씩 결벽증을 고쳐나가며, 오솔은 자신이 하는 일에 대해 자각한다. 드라마에서도 오솔은 선결에게 할 말은 하는 당찬 성격으로 그려지지만, 결과적으로 오솔이 겪는 문제를 해결해주는 것은 선결, 더 정확히는 무례하고 안하무인인 남자이자 CEO로서의 권력이다. 원작에선 오솔이 자신에게 의도적으로 접근한다고 오해한 상황에서, 그것도 청소하느라 옷이 더럽혀진 상태로 접근했을 때나 깜짝 놀라 살균 스프레이를 뿌리던 선결은 드라마에선 오솔에게 상처를 준 도진(최웅)을 골려주기 위해 좁은 엘리베이터 안에 스프레이를 잔뜩 뿌린다. 오솔이 청소 중 고객사 직원과 시비가 붙었을 때도 마찬가지다. 선결이 "가는 말이 고와야 오는 말이 곱다"며 오솔의 복수를 해줄 수 있는 것도 그가 참지 않고 내지르는 성격이라 가능한 일이다. 고민하는 과정이 없으니 해결도 쉽다. 다시 한 번 남자의 무례함은 서사 안에서 매력적인 미덕처럼 포장된다. SBS 〈파리의 연인〉, 〈시크릿 가든〉의 김은숙을 비롯해 수많은 작가들이 수많은 작품에서 수없이 반복한 패턴이다.

〈계룡선녀전〉과 〈일단 뜨겁게 청소하라〉가 원작의 장점과 개성을 상당 부분 상실했다는 아쉬움과 별개로 이 두 사례는 한국 드라마의 공식에 대한 어떤 진실을 말해주는 듯하다. 예민하고 생각이 많아 매력적이던 남성 캐릭터가 굳이 무례하고 목소리 크고 독선적인 남성으로 이식될 때, 원작의 서사 구조 역시 이성애적 로맨스를 중심에 둔 흔한 한국 드라마의 클리셰에 한없이 가깝게 소급한다. 그렇다면 처음에 했던 질문에 이렇게도 답할 수 있지 않을까. 드라마에 한국 남자 패치가 붙는 것이 아니라, 한국 남자 패치가 한국 드라마 패치라고. 상당수 한국 드라마의 서사적 구조는 무례한 한국 남자들을 변명해주거나 실제보다 훨씬 매력적으로 포장하기 위해 만들어진 꼼수라고. 20181215

+ 아직도 드라마 〈계룡선녀전〉에 대해 생각하면 화가 난다. 그토록 매력적인 캐릭터와 이야기를 흔한 한국 드라마의 문법으로 재구성하면서, 위에서 말했듯 정이현은 성격 파탄자가 되었고, 이함숙은 짝사랑에 눈먼 윤똑똑이가 되었으며, 선옥남은 낭군 찾는 것에만 혈안인 사랑 바보가 되었다. 개그를 위해 소비되느라 아예 캐릭터가 붕괴해버린 조봉대를 보는 것도 끔찍한 일이다.

이런 사례를 볼 때마다 항상 궁금하다. 어차피 한국 드라마 문법을 충족시킬 대본은 차고 넘치며, 웹툰 원작을 즐기는 사람들은 그로부터 자유로운 서사를 보고 싶어 웹툰을 본다. 그럼에도 왜 인기 웹툰을 드라마로 가져올 때마다 평범한 한국 드라마로 만드는 걸까. 심지어 안영이와 장그래 간의 로맨스를 철저히 배제하고도 엄청난 인기를 얻은 tvN 〈미생〉의 성공 사례 이후에도 이런 일이 반복된다는 건, 드라마 업계가 웹툰에 대한 최소한의 이해도 하지 못하고 있다는 증거 아닐까.

쉽게 말해, 시대에 뒤떨어지고 도태되고 있다는 뜻이다. 아직도 버럭 소리 지르는 게 로맨틱하다고 믿는 남자들의 모습처럼.

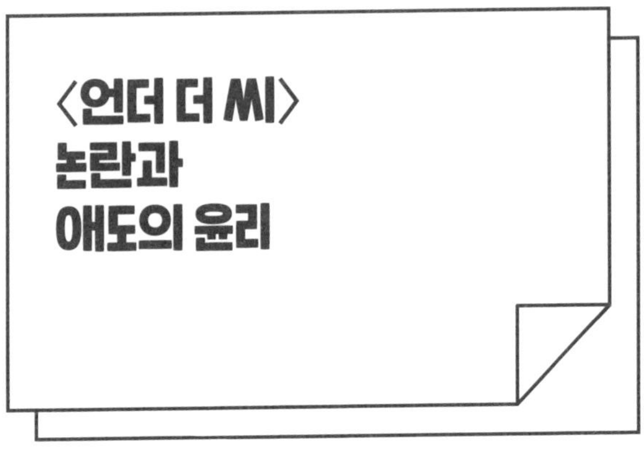

인칭대명사의 선택은 윤리의 문제다.

박근혜 전 대통령은 세월호 참사를 비롯한 일련의 국가적 사건 사고에서 3인칭 화법을 쓰며 본인의 책임을 회피했다. 그와 반대로 하지만 비슷하게, 최근 소설가 강동수의 소설집 《언더 더 씨》에 실린 희생자 여학생의 1인칭 시점에서 전개되는 동명 소설 〈언더 더 씨〉는 도입부 "내 젖가슴처럼 단단하고 탱탱한 과육에 앞니를 박아 넣으면 입속으로 흘러들던 새큼하고 달콤한 즙액"이란 문구 때문에 비판을 받았다. 여성의 신체에 대한 성적 대상화를 그것도 세월호 희생자의 입을 빌려 묘사했다는 더할 것도 뺄 것도 없는 적확한 비판이었다.

작가는 페이스북을 통해 "그 문장 하나로 온갖 욕설이 쏟아지고 있다"고 억울해 했지만 당장 같은 소설집에 실린 〈알록달록 빛나는〉에서도 십대 여성 화자는 조건 만남 사기를 치며 "사내의 손이 서슴없이 내 젖가슴 위에 얹히는" 순간을 묘사한다. 작가가 특정 부위에 집착한다고 말하고 싶진 않다. 다만 그는 1인칭 시점을 쓰는 것을 통해 타인을 재현할 권리를 쉽게 전유할 수 있다고 믿는 것처럼 보인다. 그리고 이것은 저 징그러운 문구를 눈 질끈 감고 넘어가거나 없는 셈 치더라도, 〈언더 더 씨〉라는 작품 전체에서 계속 드러나는 문제다.

작가의 변처럼 〈언더 더 씨〉는 진혼굿의 모티브를 차용한 형식으로 1인칭 사용을 정당화한다. 여기서 작가는 문학적 접신을 시도하는 샤먼이다. 샤먼은 말할 수 없는 망자의 억울함을 대신 말해주는 것을 통해 사회적 애도를 시도한다. 2014년 5월 31일 인천 연안부두에서 열린 세월호 희생자 진혼굿에서도 김금화 만신은 "잘못된 것은 바로잡아 주시고 도와주세요"라고 학생들의 말을 전했다. 굿의 영험함을 믿지 않더라도 망자의 목소리로 살아 있는 자들의 책무를 확인시켜준다는 점에서 필요한 애도라 할 수 있다. 그렇다면 〈언더 더 씨〉의 애도는 어떤가.

화자는 "우리를 여기 빠트려놓고선 아직 건져내지도 못한 채 천연스럽게 밥을 먹고, 출근하고, 주말에는 골프를 치고, 여름휴가 땐 외국으로 나다니는 어른들의 죄"를 묻는다. 살아있는 자들에게 책임을 묻는 것이 중산층의 사치에 대한 미움으로 드러나는 것은 어딘가 작위적이다. "단식 농성하는 엄마, 아빠들 앞에서 피자와 치킨을 아귀아귀 먹어댔다는 어떤 아저씨와 오빠들"에 대한 언급 역시 얄팍하다. 그거면 된 걸까. 샤먼으로서의 작가는 세월호에 대한 직간접적인 공통의 책임감 안에서 그 책임을 무겁고도 윤리적으로 지는 방식은 무엇일지 망자들을 향해 끊임없이 질문하고 대답을 구하기보단, 모두가 다 아는 나쁜 놈들을 한 번 더 언급하고 빠르게 발을 뺀다. 그렇다면 의문이다. 진혼굿 형식을 띤 이 소설에서, 희생자와의 문학적 접신은 제대로 이뤄지고 있는가. 접신을 시도해 진혼굿을 벌이는 이 작가는 믿을 만한 샤먼인가. 스스로를 십대 여학생이라 칭하는 1인칭 화자의 말을 우리는 어디까지 믿어줄 수 있는가.

〈언더 더 씨〉에서 눈에 띄는 구절은 따로 있다. 물에 떠다니는 화자 단비는 지상에서 만났던 사람을 회상하는 중에 다음과 같이 말한다. "좋은 사람만 떠오르는 것도 아니다. 언젠가 버스에서 피곤해서 잠깐 졸았더니 자리를 양보하지 않는다고 우산 끝으로 종아리를 찌르며 고래고래 고함지르던 그 혈색 좋은 할아버지는 아직도 학생들만 보면 그러고 다닐까. 만원 지하철에서 내 엉덩이를 슬슬 만지던 양복장이 사십대 변태 아저씨도 떠오른다." 조금은 뜬금없는 이 구절이 본 의미를 제대로 드러내기 위해서는 "극렬 페미니즘 카페의 회원들과 《서울신문》이 문제로 삼아 나를 '개저씨'로 만든"(작가 페이스북) 것에 대한 작가의 억울함이 함께 다뤄져야 한다.

작가는 왜 '개저씨'라는 말에 분노하는가. 그건 자신이 소설 속에서 "혈색 좋은 할아버지"와 "양복장이 변태 아저씨"로 언급한 '개저씨'들과 작가 본인이 구분된다고 확신하기 때문이다. 그렇다면 위의 소설 문구는 실제 여성들이 겪는 폭력의 문제를 피해 당사자 입장에서 진지하게 다루며 소설가 본인을 비롯한 중년 남성의 지위를 반성적으로 성찰하는 것이라기보다는, 차라리 작가와 여타 '개저씨'를 구분하기 위한 알리바이에 가까워 보인다. 나는 '개저씨'가 어떤 놈들인지 안다. 고로 나는 '개저씨'가 아니다. 작가는 십대 여성 화자의 입을 통해 이야기하지만, 정작 화자는 그 와중에 오십대 남자 작가의 도덕적 알리바이를 보증해주는데 서술을 할애한다.

여기서 못 미더운 샤먼으로서의 작가에 대한 의심은 좀 더 확장된다. 그는 단순히 온전한 접신을 이루지 못해 자신을 문득문득 드러내는 미숙한 샤먼이기보다는 침묵하는 망자의 목소리를 빌려 자기가 말하고 싶은 것을 이야기하는 교활한 화자는 아닌가. 자신의 몸을 망자에게 빌려주는 것이 아니라 망자의 목소리를 빌려 자신의 결백을 서술하는 것은 아닌가. 이것은 역설적으로 그가 침묵하지 않는 산 자들의 목소리에 반응하는 것을 보며 유추할 수 있다. 소설집에 수록된 문학평론가 박형준의 해설에 따르면 "단비와 은수, 두 소녀의 영혼과 대화하면서, 아이들의 가녀린 목소리에 귀 기울이고자" 하던 강동수 작가는 정작 자신의 소설 속 문장이 여성을 성적 대상화한다는 살아 있는 여성들의 비판에 대해선 "극렬 페미니즘 카페의 회원들"이기에 들을 가치가 없다고 반응한다.

침묵하는 희생자에 대한 선의와, 침묵하지 않는 약자들에 대한 거부감. 이것은 어딘가 이상하지만 놀랍진 않다. SNS에서 노란 리본 프로필 사진을 달고서 페미니즘 운동이나 노동 운동을 비난하는 계정을 보기란 어렵지 않다. '가만히 있으라'는 말과 함께 침몰했던 이들을 위해 눈물 흘리면서, '가만히 있지 않겠다'고 발화하는 이들을 향해선 '극렬 페미니스트'나 '강성 노조' 같은 말로 배제하고 침묵시키려는 것은, 이 사회가 세월호에 대해 제대로 된 애도를 해내지 못했다는 것을 증명할 뿐이다. 애도가 살아남은 자들의 윤리라면, 그것은 죽은 타자가 남긴 책무를 자신의 삶 안에서 계속해서 기억하고 갱신하는 것이리라. 눈물로 개인적인 죄의식을 정화하는 게 아니라, 책임 있는 시민의 의무를 재차 확인하는 것. 세월호에 대한 국민적 다짐과도 같은 '잊지 않겠습니다'라는 문구의 진정성은 여기에 있다.

실패한 애도로서의 〈언더 더 씨〉가 조금도 흥미롭거나 풍성한 텍스트가 아님에도 불구하고 시대적 분위기를 드러내는 건 이 지점이다. 조금 거칠게 도식화하자면, 여기엔 침묵에 대한 선호, 결코 공격적인 요구로 구체화되지 않는 조용함에 대한 선호가 있다. 침묵하는 대상에 대해선 미안함을 안고 살 수 있지만, 목소리를 내는 이들에 대해선 순수성을 의심한다. 〈언더 더 씨〉와 강동수 작가가 각각의 대화 상대를 대하는 방식을 비교해보자. 자신의 목소리를 기꺼이 내어주는 의존적인 약자만이 우호적인 소통의 대상이 된다. 작가가 작품에서 또 작품 바깥에서 한 시대의 어른으로서 말하는 세월호와 어린 희생자에 대한 부채의식은 그래서 기만적이다. 왜 우리는 살아있었다면 20대 초반의 동시대 여성으로서 목소리를 냈을 세월호 희생자와 살아서 목소리를 내는 동시대 여성을 연결하지 못하는가. 그 둘을 연결할 수 있는 것이야 말로 문학적 상상력 아닌가. 기껏해야 자두와 젖가슴이나 연결하면서 생기발랄한 학생의 육체적 젊음만을 아쉬워하는 것 어디에 전복적 상상력이 있고 윤리가 있는가.

다시 말하지만 인칭대명사의 선택은 윤리의 문제다. 나의 자리를 객관적으로 확인하는 것, 내가 말할 수 있는 것과 없는 것을 인식하는 것, 나와 그들의 공통의 책임을 확인하거나 구분하는 것, 너와 나의 대화 속에 우리의 세계를 함께 반성적으로 구성해가는 것. 세월호 이전에도 중요했고, 세월호 이후엔 더더욱 요구되는 민감함이다. 20190111

+ 자크 데리다는 애도에 대해 "성공하기 위해서는 실패해야, 그것도 '잘' 실패해야 한다"고 말했다. 그는 성공한 애도, 즉 누군가를 온전히 보내주고 슬픔을 극복하는 것은 오히려 잔인하고 비윤리적

이라고 보았다. 그에게 있어 애도란 오히려 상대의 부재를 극복하지 못하는 상실감 속에서, 상대에 대한 책임감을 갖고 자신의 삶 속에서 끊임없이 대화하며 살아 있게 만드는 작업에 가깝다. 이것은 아마도 삶 안에서 망자가 우리에게 남긴 질문들을 치열하게 붙잡는 것이리라.

세월호에 대한 애도도 그래야 하지 않을까. 희생자들이 좋은 곳으로 떠나길 바라는 진혼굿과 별개로, 우리는 그들이 우리에게 남긴 숙제들을 잊지 않고 우리의 삶 속에서 그들이 바랐을 어떤 세상의 모습을 만들어가야 하지 않을까. 그렇다면 세월호에 대한 애도의 윤리는 이제 볼 수 없는 희생자에 대한 눈물만이 아닌, 지금 이곳에서 부당한 억압에 질식해가는 또 다른 피해자들에 대한 능동적인 연대로 이어져야 할 것이다. 경건하되 결코 조용할 수만은 없는 방식으로.

'과도한 PC함'이라는 허수아비

하나의 허수아비가 문화 공론장을 배회하고 있다. 과도한 PC(Political Correctness, 정치적 올바름)함이라는 허수아비가. 이 허수아비를 공격하기 위해 남초 커뮤니티와 지식장의 문화평론가와 인기 코미디언 등이 신성동맹을 맺었다.

코미디언이자 방송작가인 유병재는 자신의 유튜브 채널에 '엄마 아빠는 PC충!'이라는 영상물을 올렸다. 딸이 백인 남자친구를 집에 데려오자 'PC충' 부모들은 자신들은 국적이나 인종에 상관하지 않는다며 포용적인 모습을 보이다가 "흑인이었으면 얼마나 좋았을까"라며 포문을 열기 시작해 백인 남자 친구를 데려온 딸을 "백인 우월주의자"로 몰고, 딸의 애인이 다이어트 하는 것을 비만인 혐오로 규정하고 비난한다.

이 영상은 PC하냐 하지 않느냐는 것과는 별개로 별로 웃기지 않다. 당장 새로울 게 없기 때문이다. 어떤 텍스트 안에 인종이나 성, 외모에 대한 차별적 요소가 있는지 의구심을 갖거나 비판하는 움직임에 대해 'PC충'이나 'PC병자', '프로불편러' 등의 표현으로 비하하는 건 지난 몇 년에 걸쳐 한국 남초 커뮤니티에서 쉽게 볼 수 있는 장면이다. 이들은 여성 캐릭터들의 활약이 도드라진 〈스타워즈- 라스트 제다이〉나 흑인 슈퍼히어로가 등장하는 〈블랙팬서〉 등에 대해 'PC 묻었다'는 표현을 쓰기도 한다. 물론 '일베' 정도 되는 극우 세력이 아닌 이상, 정치적 올바름 자체를 부정하기란 어렵다. 하여 공격 대상이 되는 것은 과도한 PC함이다. PC함에 대한 강박 때문에 상대를 환장하게 만드는 '엄마 아빠는 PC충!'의 부모는, 말하자면 과도한 PC함의 현현 같은 존재다.

그렇다면 과도한 PC함이란 우리의 생활 세계 안에서 어떻게 실재하고 있을까. 당연한 수순의 질문 앞에서 사실 나는 꽤 곤혹스러워진다. 과도한 PC함이라는 말은 있지만 그것이 가리키는 구체적인 지시체가 떠오르지 않기 때문이다. 가령 최근 게임 〈오버워치〉 캐릭터인 '솔저:76'이 게이라는 설정이 밝혀지자 남성 유저들은 'PC 묻었다'며 분노했다. 어떤 서사 안에 성소수자 캐릭터의 비율을 조금이라도 더 높이는 것이 PC한 방향인 건 맞다. 그래서 어쨌다는 건가. 게임 중 '솔저:76' 캐릭터를 죽이면 호모포비아 딱지가 붙어

강퇴 당하나? 게임 중 팀을 짤 때 여성, 게이, 비非백인 쿼터가 유지되지 않으면 팀 구성을 불허하나? 하루에 백인 이성애자 캐릭터를 선택할 수 있는 횟수가 제한되었나? 과연 과도함이란 어디에 있는 걸까. '엄마 아빠는 PC충!'에서 불고기를 좋아한다는 딸 애인에게 "육식은 비도덕적인 야만인들이나 하는 짓"이라고 무안을 주는 아버지는 아마 과격한 비건에 대한 풍자적 묘사일 것이다. 하지만 정말로 과도한 채식주의가 존재하나? SBS 〈백종원의 골목식당〉에서 백종원이 피자집 사장에게 왜 채식주의자용 피자가 메뉴에 없냐고 꾸중하나? 시청자들이 돈까스 집 사장에게 공장식 돼지 사육에 대한 해명을 요구하나? JTBC 〈한 끼 줍쇼〉에서 출연자가 고기 반찬을 거부해 방송이 펑크라도 났나? 과연 과도한 PC함이란 어디에 있는 걸까.

이러한 난감함은 과도한 PC함의 위험성을 지적하는 쪽에서도 느끼는 듯하다. 문화평론가 문강형준은 콘텐츠 서비스인 북 저널리즘에 제공한 〈정치적 올바름과 살균된 문화〉라는 글에서 대학 교양 글쓰기 수업 중 교재로 《햄릿》을 쓰려 하자 한 학생이 본인은 페미니스트이기에 여성혐오 텍스트를 배우고 싶지 않다며 수업을 거부했더라는 지인의 일화를 소개한다. 문강형준은 "학생의 결기에 박수를 보내면서도", "다른 한편으로는 자기 생각과 신념과 권리를 침해하거나 공격할 수 있는 모든 것을 함께 거부함으로써 궁극적으로는 오직 '자기 자신'만 남게 되는 편협함"을 우려한다.

여기서 과도한 게 무엇인가. 《햄릿》의 여성혐오적인 요소에 반대해 수업을 거부한 학생 한 명의 행동이 과도한가, 해당 행위를 설명하기 위해 지젝의 '자기애적 주관성' 개념을 인용하고 미국 노스웨스턴 대학에서 벌어진 남자 교수 파면 사건을 인용하고 철학자 해리 프랭크퍼트가 지적한 회의주의의 확산 개념을 연결하며 필립 로스의 《휴먼 스테인》의 줄거리와 주제 의식을 더해 그 한 명의 학생으로부터 기어코 "자신의 정체성이 딛고 서 있는 자리만 중요한 진정성의 문화"를 읽어내고야 마는 문강형준의 지적 여정이 과도한가.

《햄릿》 공부를 거부한 학생의 결정이 성급했을 수도 있다. 하지만 그것으로부터 경천동지할 위기감을 도출해내기 위해 문강형준은 실제로 벌어진 일보다는 그로부터 발생할지도 모를 가장 안 좋은 시나리오를 들고 온다. 그는 같은 글에서 정치적 올바름에 대한 강박을 '살균된 문화'로 지칭하며 이것이 "오히려 디스토피아인 것처럼" 보인다고 말한다. 즉 문강형준은 여성혐오나 외모지상주의, 인종차별주의 등을 병균 보듯 하는 PC함의 폭력성을 논증하고 싶지만, 당장 실재하는 폭력을 찾을 수 없기에 그러한 병균을 모두 치워냈을 때 등장할지도 모를 살균된 미래로 달려가야 한다. 그가 〈터미네이터 2〉의 사라 코너처럼 미래의 디스토피아를 알고 있는 게 아닌 이상, 그의 논변은 허구적이다.

결국 동시대 한국 사회에서 과도한 PC함이란 두 가지 형태로

만 존재를 드러낸다. 유병재가 만든 동영상 속 'PC충'이라는 가상의 형태 혹은 미래에 존재할지도 모를 디스토피아의 형태로. 이것을 진짜 사회적 문제라 할 수 있을까? 인정하자. 과도한 PC함이라는 건 엄살이다. 아니, 엄살이란 말은 취소하겠다. 과도한 PC함이나 'PC충'은 실체 없는 허구적 표현이지만, 그 허구는 결과적으로 현실에 대한 왜곡된 인식을 만들며 실천적인 폭력이 되기 때문이다. 당장 유병재의 동영상에 붙은 댓글들을 보자. 요새 극성인 'PC충'들과 페미니스트들을 잘 까줬다며 하하호호 따봉을 날리는 중이다. PC함에 대한 요구가 희화화되고 비난받는 상황. 하지만 앞서 살펴보았듯, 극성과 과도함의 실체는 없다.

서두에서 과도한 PC함이라는 개념이 거대한 허수아비라고 말했다. 허수아비 때리기가 문제인 건, 단순히 허상을 때려서가 아니라 그 허상으로 실재하는 진짜 문제를 가려버려서다. 한 때 유행한 '과격한 페미니즘'이란 표현이 그러하듯, 과도한 PC함이란 표현 역시 일부의 과도한 행태만을 비난하는 척하면서 사실은 '과도한'이라는 관형어로 PC함 전체를 수식하는 문법적 사기 혹은 속임수에 불과하다. 이 속임수는 정치적 올바름을 폭력으로 규정하려 한다는 점에서도 기만적이지만, 무엇보다 한국에 만연한 폭력이 정치적 올바름의 과잉보다는 결여에 있다는 사실을 은폐한다는 점에서 기만적이다.

말뿐 아닌 실재하는 과도함을 찾고 싶다면 고개를 반대로 돌리면 된다. 세월호 희생자의 시점에서 "내 젖가슴처럼 단단하고 탱탱한 과육에 앞니를 박아 넣으면 입속으로 흘러들던 새큼하고 달콤한 즙액"이란 표현을 써서 성적 대상화 논란을 일으킨 소설가 강동수가 부산문화재단 대표이사로 선임되는 것이 과도한 일이다. 촬영 중 동료 여배우를 성추행하고 유죄 판결을 받은 남배우 조덕제를 응원하고 피해 배우를 욕하는 글이 남초 커뮤니티 보배드림에 올라오고 그에 대해 동의의 댓글이 뒤를 잇는 게 과도한 거다. TV 토론에 나와 호모포빅한 발언을 한 국회의원 이언주의 유튜브 채널 구독자가 8만 명이 넘는 게 과도한 일이다. 정치적 올바름이라는 것이 사회적으로 강제적 힘을 발휘한 적 없던 사회에서 과도한 PC함으로 인한 경직된 문화를 걱정하는 건 주제넘은 소리일 뿐이다.

한국에서 폭력은 올바름에 대한 강박보다는 그름에 대한 용인의 형태로 존재해왔다. 그 거대한 폭력은 외면하거나 용인하고, 그 폭력에 대한 국지적 반발로서의 반反폭력은 불편해 미치겠다는 이들의 정신세계야말로 유난이고 극성이고 과도하다. 20190125

+ 과도한 PC함은 위험할 수 있는가? 물론이다. 무엇이든 과도하면 위험하다. 물도 필요 이상으로 많이 마시면 건강에 좋지 않다. 이것은 원론적으론 '옳은' 이야기다. 중요한 건 '원론적으로 옳은' 이야기가 현재 우리가 살고 있는 세계 안에서 화용론적으로 어떤 의미

를 가질 수 있느냐는 것이다. 칼로리 섭취가 과도하면 위험하다. 이 말을 기아에 시달리는 이들에게 들려주는 게 의미가 있는가. 자유와 방종을 구분하지 못하면 위험하다. 이 말을 독재 국가에 사는 이들에게 들려주는 게 도움이 될까. 의미론적으로 옳은 말이라 해도 각각의 화용론적인 맥락 안에선 쓸모없거나 더 나아가 자칫 잘못된 구조를 용인해주는 말이 될 수 있다.

과도한 PC함에 대한 진정성 있는 우려든 PC하지 못한 이들의 비아냥거림이든, 한국 사회 안에선 똑같이 호들갑스러운 동시에 반동적인 효과를 갖는 건 그래서다. 공적 발화란 언제나 의미론이 아닌 화용론의 영역에 있다.